TOVE NILSSON

Zisch

Soda, Limonaden & Snacks selbst gemacht

FOTOGRAFIE: WOLFGANG KLEINSCHMIDT

Umschau

Titel der schwedischen Originalausgabe:
Soda, Lemonad & Snacks
Copyright © Natur & Kultur, Stockholm 2014
Alle Rechte vorbehalten.

Für die deutsche Ausgabe
© 2016 Neuer Umschau Buchverlag,
Neustadt an der Weinstraße

www.umschau-verlag.de

U

Umschau

Redaktion: Laura Kirschbacher
Übersetzung: Ricarda Essrich
Lektorat: Anna-Christiane Gülicher-Loll
Satz: Kaisers Ideenreich

Printed in Lettland
ISBN: 978-3-86528-793-9

INHALT

VORWORT

Erfrischungsgetränke müssen eiskalt sein! Bei der Temperatur von Getränken bin ich wirklich pingelig, darum ist mein Gefrierschrank voller Eis. Muss ich doch einmal ein Soda oder eine Limonade ohne Eis trinken, drückt das sofort auf die Stimmung.

Bei einem lauwarmen Soda fehlt ganz einfach dieses prickelnde Gefühl der Kohlensäure auf der Zunge. Genau darauf sind wir schließlich aus: auf diesen sprudelnden, eiskalten Schluck, der die Geschmacksknospen kitzelt und den Durst löscht.

Nach vielen Jahren als Köchin und Food-Autorin absolvierte ich eine Ausbildung zur Sommelière, um mehr über das Zusammenspiel von Speisen und Getränken zu lernen. Ich stellte schnell fest, dass man zum Essen nicht nur Wein, Bier und Schnaps reichen kann, sondern auch andere Getränke mit Aromen von Früchten, Kräutern und Gewürzen.

Seitdem bin ich ständig auf der Suche nach neuen spannenden Geschmacksrichtungen und Überraschungen in flüssiger Form – nach der idealen Säure in einer perfekt ausgewogenen Limonade, nach der Frische in einem Melonen-Limetten-Soda oder nach dem Bitteren in einem Grapefruit-Soda.

Meine frühsten Erinnerungen an Erfrischungsgetränke reichen bis in die Kindheit, als ich in den Speisekeller hinabsteigen und mir eine Flasche Limonade aus dem roten Kasten aussuchen durfte. Sie stand neben selbst gemachten Säften und Konfitüren im Regal. Ich erinnere mich auch an das erhebende Gefühl, im Geschäft entscheiden zu dürfen, mit welchen Sorten Limonade wir die 24 Fächer im Kasten bestücken sollten. Meist blieb ich den schwedischen Klassikern wie Sockerdricka, Hallonsoda, Trocadero, Champis, Pommac, Vira-Blåtira, Loranga, Portello, Fruktsoda, Grappo, Coco-Bahia und Zingo treu.

Über die Jahre hat sich mein Geschmack verändert. Heute bevorzuge ich Getränke, die eine schön trockene Note haben und bei denen Säure und Süße ausgewogen sind. Hat man einmal selbst gemachtes Soda probiert, ist es schwer, sich beim Anblick der Einkaufswagen voller Flaschen mit überzuckerten Limonaden in 2-l-Flaschen nicht danach zu sehnen. Mein Favorit ist natürlich fermentiertes Soda. Die Milchsäuregärung verleiht dem Getränk einen tiefen, schier unwiderstehlichen Geschmack.

Meine Jagd nach Getränken hat mich um die ganze Welt reisen lassen. In Mexiko probierte ich mich durch literweise kühlendes Agua de Sandía, während ich gleichzeitig frisch frittierte Tortillachips mit Guacamole von vor Salsaresten klebrigen Wachsdecken knabberte.

Eine Taco nach der anderen, mit reichlich Koriander gefüllt, spülte ich am Strand mit einem Glas Agua de Flor de Jamaica herunter und nach heißen Enchiladas zum Mittagessen nippte ich an einer unglaublich süßen, aber dennoch erfrischenden Horchata, die aus Reis zubereitet und fast wie ein Milchshake mit Zimt und Vanille abgeschmeckt wird.

Im Amazonasdschungel verpasste ich beinahe das Flugzeug zurück nach Lima, weil ich unbedingt noch einen Saft aus Cashewäpfeln probieren wollte, den ein Ladenbesitzer vor Ort in den Himmel gelobt hatte. Noch immer erinnere ich mich an den Geschmack, leicht nussig, sahnig, aber trotzdem erfrischend.

In Peru kam ich an Inka-Cola nicht vorbei, einem giftgelben Erfrischungsgetränk, das nach Kaugummi schmeckt und der ganze Stolz der Einheimischen ist. Beim ersten Mal war es schlicht widerlich, doch nach einer Weile konnte ich Wochenenden ohne dieses Getränk kaum aushalten. Wieder zu Hause angekommen, nahm diese Abhängigkeit im gleichen Maß ab, wie die Erinnerungen an die Reise verblassten.

In England habe ich, ganz und gar unfein, Berge von Essigchips in mich hineingestopft und dazu Eistee und Rosen-Limonade getrunken. Und in Asien probierte ich furchtbar süßen Bubble-Tea, ein Getränk, bei dem am Boden des Glases ganz viele schleimige Perlen aus Tapioka lauern. Klingt überhaupt nicht lecker, kann aber wie die mexikanische Horchata mit einem Milchshake oder einem Eistee mit viel Milch verglichen werden.

Und heute steht in meiner Küche immer ein Kombucha-Ansatz, seit ich dieses Getränk in den USA zum ersten Mal probiert habe. Schon nach dem ersten Schluck dieses säuerlichen, frischen fermentierten Tees war ich ihm verfallen.

Ich habe mich durch einen großen Teil dessen probiert, was die Welt an alkoholfreien Erfrischungsgetränken zu bieten hat, aber erst während meiner Reisen durch die USA habe ich festgestellt, dass Soda und Limonade so viel mehr sein können als klebrig-süße, industriell hergestellte Getränke: Hier geht es um richtiges Handwerk. In den letzten Jahren hat sich ein Trend herausgebildet, frische, natürliche Zutaten als Grundlage zu verwenden und selbst mit kohlensäurehaltigem Wasser aufzugießen oder Soda mit natürlicher Fermentation selbst herzustellen. Wir entfernen uns immer weiter von den Limonadenflaschen, die weite Transportwege zurückgelegt haben, und chemisch hergestelltem Maissirup. Stattdessen verwenden wir gefiltertes Leitungswasser und braunen Zucker oder Melasse als Grundlage.

Beim Besuch kleiner Sodafabriken und sogenannter Soda Fountains habe ich die Grundlagen der Sodaherstellung aus natürlichen Zutaten gelernt. Und dieses Wissen habe ich hier zusammen mit leckeren Snack-Rezepten und meinen Lieblingslimonaden und Fruchtdrinks zusammengetragen. Die Rezepte in diesem Buch sollen als Basis für die Zubereitung von Sodas und Limonaden dienen. Nach ein paar Versuchen kann man dann selbstständig Beeren, Obst und Gewürze austauschen und eigene Geschmackskombinationen entwickeln. Das Wichtigste ist, Hefe und Sodakultur immer im richtigen Verhältnis zur Flüssigkeit zu halten, um eine Übergärung oder missglückte Fermentation zu vermeiden. Und ansonsten gilt: Beladen Sie den Gefrierschrank mit Eis und legen Sie mit dem Kochen, Brauen, Auspressen und Mixen los!

Viel Erfolg!
Tove

SODA – DIE BASIS

Grundsätzliches vorweg: Soda oder „soda water" kann auch mit Kohlensäure versetztes Mineralwasser sein, aber was wir hier Soda nennen, ist ein Erfrischungsgetränk mit Kohlensäure und maximal 0,5 % Alkohol. Es entspricht damit dem amerikanischen „soda" bzw. „soda pop". Um eine Begriffsverwirrung zu vermeiden, ist das ganz wesentlich!

Es ist ganz einfach, eigenes Soda zuzubereiten. Sie benötigen keine komplizierte Küchenausstattung und im Gegensatz zur Herstellung von Bier, Wein und Cidre dauert es gar nicht lange, bis Sie ein leckeres Getränk mit Kohlensäure hergestellt haben. Gehen Sie es ruhig an, befolgen Sie die Rezepte und lassen Sie sich nicht beirren, wenn es beim ersten Mal nicht klappt, denn so kommen Sie wenigstens in den Genuss vieler Gläser eiskalten Sodas.

Ich habe viele Rezepte für verschiedene Soda-Arten entwickelt – einige gehen ganz schnell und das Getränk steht schon nach 10 Minuten auf dem Tisch, andere sind etwas aufwendiger und erfordern einen Gärprozess, bevor sie sprudelnd und prickelnd serviert werden können.

Noch ein Tipp: Machen Sie sich zunächst mit den Begriffserklärungen am Anfang des Buches vertraut, denn dann sind die Rezepte verständlicher und Sie können bald eigene Kreationen entwickeln.

KOHLENSÄURE

Das Wichtigste am Soda ist die Kohlensäure! Es gibt mehrere Möglichkeiten, diese kleinen Bläschen zu erzeugen. Man kann entweder bereits kohlensäurehaltiges Wasser (Sprudelwasser) aromatisieren oder eine Flüssigkeit mit Hefe durch natürliche Fermentation vergären.

Bei der ersten Variante, die auch die einfachste ist, verwendet man einen handelsüblichen Wassersprudler oder einen klassischen Sodasiphon. Dann kann man mithilfe eines speziellen Sirups ein Soda selbst mischen und entscheiden, wie süß und wie intensiv der Geschmack sein soll. Ungefähr so funktioniert es auch, wenn man z.B. Cola oder Sprite aus einem Getränkespender bekommt: Ein aromatisiertes Konzentrat wird mit kohlensäurehaltigem Wasser gemischt. Das ist auch der Grund, warum Cola nicht überall auf der Welt gleich schmeckt. Hat das Wasser einen Beigeschmack, z.B. von Chlor, nimmt auch das fertige Getränk diesen Geschmack an.

Man sagt, schwedisches Leitungswasser habe den besten und reinsten Geschmack. Das stimmt. Wir müssen das Wasser vor dem Benutzen nicht filtern, sondern können es direkt aus der Leitung nehmen, mit Sirup mischen und trinken, ohne eine leichte Schwimmbadnote im Mund zu haben. Auch deutsches Leitungswasser ist ungechlort und daher ungefiltert genießbar. Der Kalkgehalt kann allerdings regional schwanken.

Bei einer anderen Variante wird das Soda mit Hefe oder durch natürliche Fermentation vergoren. Wenn ich Hefe einsetze, verwende ich flüssige Champagner- oder Ciderhefe mit möglichst wenig Beigeschmack. Nach unzähligen Tests mit normaler Backhefe und Bierhefe bin ich zu dem Ergebnis gekommen, dass es eigentlich keine Alternative zur Champagnerhefe gibt, ganz einfach weil das Getränk am Ende nicht so gut schmeckt.

Sicher denken einige, es sei sehr aufwendig und mühsam, Hefe zu verwenden, doch das ist es nicht. Man bereitet einen lecken Saft aus Früchten, Gewürzen oder Beeren zu und fügt dann etwas Hefe hinzu. Die Kunst ist es, nicht zu viel Hefe zu nehmen, denn dann könnten Sie bald ein kleines Explosionsproblem in der Küche haben …

Die dritte Variante, bei der alles von Grund auf ohne Zusätze selbst gemacht wird, mag ich am liebsten. Dabei laktofermentiert man das Soda, fast wie milchsäurevergorenes Sauerkraut, Kimchi oder andere mit Milchsäure vergorene Gemüsearten. Das Endergebnis ist ein sprudelndes Soda mit Charakter.

Ein Vorteil ist außerdem, dass man das Soda vergären kann, bis es richtig schön trocken ist. Das Soda darf dann im Glasgefäß etwas länger stehen und fermentieren; hin und wieder schmeckt man es ab. Die Sodakultur „ernährt" sich vom Zucker und als Nebenprodukt entstehen diese hübschen kleinen Bläschen.

Zunächst bereitet man dafür eine Sodakultur vor, etwa wie einen Sauerteig. Die Sodakultur basiert auf drei Zutaten: Wasser, Ingwer und Zucker. Die Kultur wird jeden Tag „gefüttert" und nach drei bis fünf Tagen erhält man eine sprudelnde Flüssigkeit, die man mit Fruchtsaft mischen kann. Nach der Fermentation über einige Tage ist aus dem Fruchtsaft kohlensäurehaltiges Soda geworden.

SODAWASSER, Selters, MINERAL-WASSER und SPRUDEL

Im Grunde spielt es keine Rolle, welches Wasser man benutzt, das Endergebnis ist sehr ähnlich. Die Unterschiede liegen im Gehalt verschiedener Mineralien und beim pH-Wert des Wassers, was natürlich zu leichten Geschmacksunterschieden führt. Wird Wasser mit aromatisiertem Soda vermischt, ist der Unterschied zu vernachlässigen. Sie können also für die Rezepte im Buch Ihr Lieblingswasser nehmen.

SODA oder ERFRISCHUNGS-GETRÄNK?

Eigentlich bezeichnet Soda – im Sinne dieses Buchs – und Erfrischungsgetränk das gleiche. In den USA ist soda gleichbedeutend mit soft drink, fizzy drink und soda pop. Für meinen Geschmack klingt „eiskaltes Soda" weniger schwerfällig als „eiskaltes Erfrischungsgetränk".

Gärung stoppt, bevor die Hefe den gesamten Zucker umgewandelt hat, daher können diese Getränke nicht mehr Alkohol enthalten.

Dass das fertige Soda ein wenig nach Hefe riecht und schmeckt, ist normal, aber das bedeutet nicht, dass es viel Alkohol enthält.

Soda, das mithilfe von Sodasirup hergestellt wurde, gärt nicht, sondern kann mit einer Saftschorle verglichen werden, ist also völlig alkoholfrei.

EXPLOSIONEN *beim* HOMEBREWING

Sowohl bei der Hefegärung also auch bei der Sodakultur sind lebende Hefebakterien aktiv. Diese ernähren sich von den Früchten und dem Zucker und als Beiprodukte entstehen Kohlensäure und Alkohol. Je mehr Hefe und je länger die Gärung, desto mehr Kohlensäure und desto höher das Explosionsrisiko.

Als ich die Rezepte für dieses Buch entwickelte, probierte ich verschiedene Mengen an Hefe und Sodakultur aus, um das bestmögliche Ergebnis zu erzielen. Ein paar Mal kam ich morgens zur Arbeit und wurde von Grapefruitfruchtfleisch an der Decke empfangen, von zerfetzten Plastikflaschen, über den ganzen Boden verteilt, sowie von klebrigen Wänden.

Die Flaschen waren über Nacht explodiert. Gerade wegen dieser Missgeschicke bereite ich Soda zunächst in Plastikflaschen zu, arbeite extrem sorgfältig, was die Menge an Hefe oder Sodakultur angeht, und kontrolliere den Gärprozess, damit das Soda nicht übergärt. Dann erst fülle ich das Soda mithilfe eines Trichters in Glasflaschen. Damit beim Umfüllen nicht die ganze Kohlensäure entweicht, halte ich ein Essstäbchen in den Trichter, das reduziert die Schaumbildung. Ist das Soda fertig, bewahre ich es im Kühlschrank auf, damit der Gärprozess unterbrochen wird. Doch das Soda gärt auch im Kühlschrank minimal weiter, daher lasse ich es nie länger als 4 Wochen stehen.

Wenn Sie die Rezepte im Buch ganz genau befolgen, dürfte es keine größeren Probleme mit Explosionen und klebrigen Wänden geben. Aber man sollte immer sehr genau darauf achten, dass das Soda nicht übergärt, und es sofort in den Kühlschrank stellen, wenn es lebhaft sprudelt, damit der Gärprozess unterbrochen wird.

Die Flaschen mit Kronkorken öffne ich vorsichtig über dem Spülbecken mit einem Flaschenöffner (ganz langsam), und wenn ich kleine PET-Flaschen benutzt habe, öffne ich diese ebenfalls sehr vorsichtig (und langsam).

Wenn man Soda aus Sirup herstellt, besteht kein Risiko für Übergärung oder Explosionen. Es handelt sich also um eine etwas gefahrlosere Art der Herstellung. Verwendet man Hefe oder Sodakulturen, ist das Ganze vielleicht etwas aufregender, aber auch nicht schwer oder kompliziert.

ALKOHOL

Bei der Vergärung und Fermentation entsteht Alkohol, wenn auch wenig. Das betrifft Soda ebenso wie Holunderblütensekt, aber auch Sauerkraut und Kimchi, sogar Sauerteigbrot. Doch man muss sich wegen des Alkoholgehalts keine Sorgen machen, da diese Getränke so wenig Hefe enthalten und so kurz gären, dass der Alkoholgehalt immer sehr gering ist. Sie werden nie mehr als 1 Vol.-% Alkohol enthalten (normalerweise um die 0,5 %, und mehr dürfen Getränke mit der Bezeichnung „alkoholfrei" auch nicht haben). Man kann die Limonade auch gar nicht länger gären lassen, da sonst die Kohlensäure, die sich in der Flasche gebildet hat, eine Explosion verursachen könnte. Die

WAS BRAUCHT MAN *zur* ZUBEREITUNG?

SODASIRUP

Kasserolle/Kochtopf
Wassersprudler/Sodasiphon
Seihtuch & Gestell
Gläser/Flaschen
Zestenreißer/Reibe
Suppenkelle
Stabmixer & Küchenmaschine

HEFEGÄRUNG

PET-Flaschen
(groß oder klein)
feines Sieb
Glasflaschen
Essstäbchen
Trichter

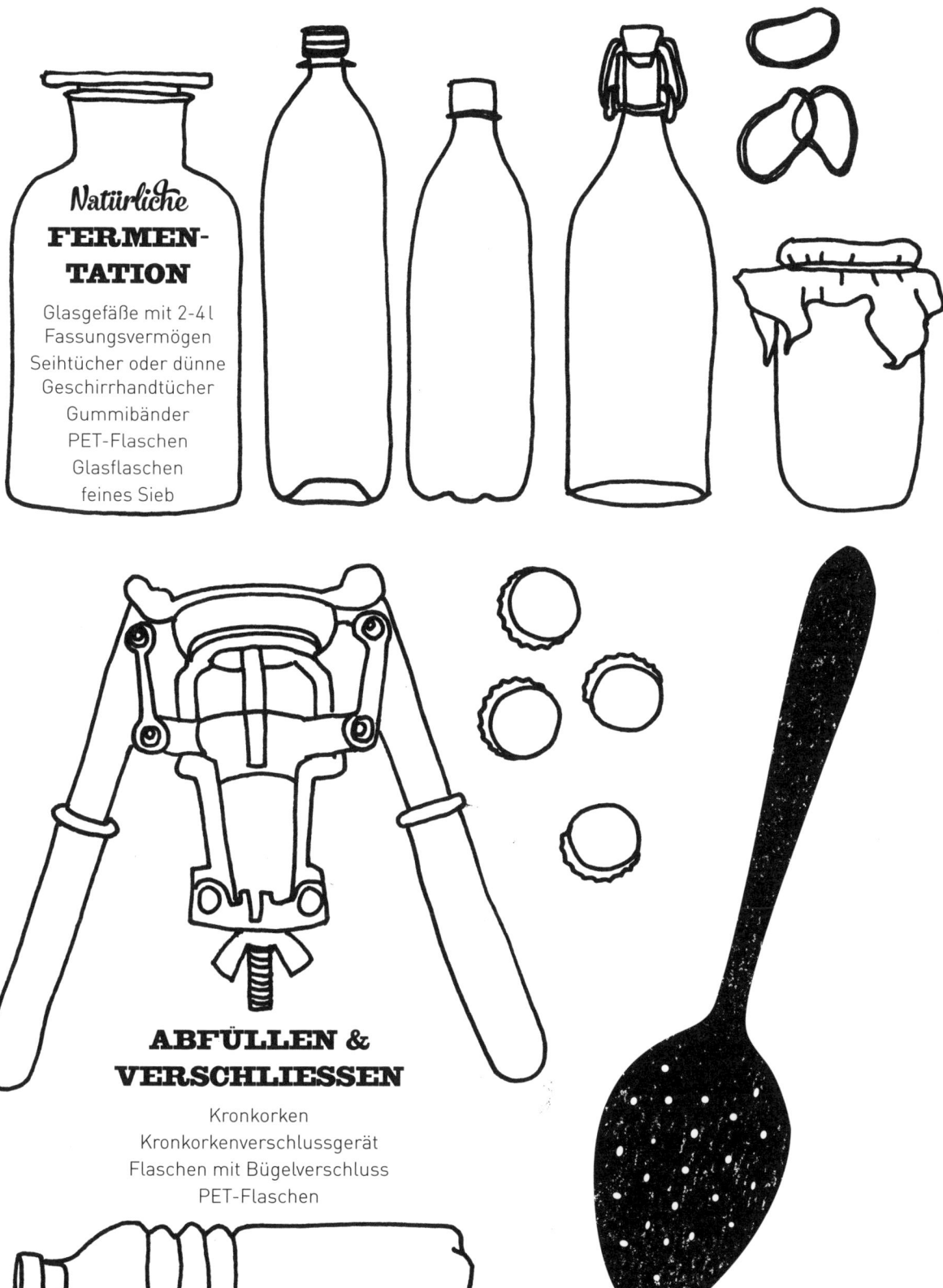

Natürliche FERMEN-TATION

Glasgefäße mit 2-4 l
Fassungsvermögen
Seihtücher oder dünne
Geschirrhandtücher
Gummibänder
PET-Flaschen
Glasflaschen
feines Sieb

ABFÜLLEN & VERSCHLIESSEN

Kronkorken
Kronkorkenverschlussgerät
Flaschen mit Bügelverschluss
PET-Flaschen

ZUCKER

Der Zucker reagiert mit der Hefe, sodass viele Bläschen entstehen. Die Hefe und die Bakterienkultur ernähren sich vom Zucker und bilden Kohlensäure. Man kann das Getränk vollständig vergären, bis fast kein Zucker mehr enthalten ist, und auf diese Weise ein sehr trockenes Soda zubereiten. Einige Fruchtsäfte, z. B. aus süßen Erdbeeren und Himbeeren, enthalten schon sehr viel Fruchtzucker, können aber trotzdem eine zusätzliche Dosis Zucker brauchen, damit die Gärung in Gang kommt. Ich verwende verschiedene Zuckerarten, je nachdem, welche Note mein Soda haben soll.

Für ein zuckerfreies Soda kommt auf 1½ l Flüssigkeit etwa 1 EL Zucker, um die Gärung in Gang zu setzen, und dann schmeckt man mit Beeren oder Früchten ab, um der Hefe Nahrung zu bieten. Der Zucker wird fast restlos umgewandelt und am Ende hat man ein Getränk mit trockenem Charakter und einer Süße nur aus Obst und Beeren. Man kann auch Sirup aus z. B. Palmzucker und Agavensirup zubereiten, die beide etwas gesünder als normaler Rohr- oder Rübenzucker sein sollen.

In diesem Buch gibt es auch Rezepte für Kräuteraufgüsse (siehe S. 48), das sind konzentrierte Kräutersude ganz ohne Zucker, die sich hervorragend als Getränke bei Tisch eignen. Die Kräuternote verbindet sich mit den Kräutern im Essen, vergleichbar mit der Kombination aus grünem Tee und asiatischen Speisen.

RAFFINADEZUCKER

Das ist der weiße, handelsübliche Haushaltszucker, ohne Beigeschmack und farblos, wenn er in Flüssigkeit aufgelöst ist. Der Zucker wird aus Zuckerrüben oder -rohr hergestellt und erhält seine weiße Farbe durch Raffination (ein chemischer Reinigungsprozess). Aufgrund dieser Raffination eignet sich dieser Zucker nicht so gut für natürlich fermentiertes Soda, denn er enthält nicht mehr genug natürliche Nährstoffe, um die Bakterienkultur in Gang zu bringen.

Raffinadezucker kann für alle Arten von Sodasirup, Limonade, Kombucha und auch für mit Champagnerhefe vergorene Soda verwendet werden.

BRAUNER ZUCKER ODER ROHROHRZUCKER

Ein Zucker aus Zuckerrohr, der auch zu einem gewissen Teil raffiniert wurde, aber noch seine braune Farbe hat. Er enthält eine ganze Reihe von Nährstoffen, die Hefe und Bakterienkulturen mögen. Der Gärprozess funktioniert gut, ich habe sogar festgestellt, dass dies der beste Zucker ist, um eine Sodakultur aus Ingwer anzusetzen. Am Ende ist die Kultur in Geschmack und Farbe neutral, was für alle Arten der Sodazubereitung gut ist.

Braunen Zucker gibt es in etwas größeren Kristallen und als feinere Variante. Ich verwende häufig den feinen Zucker. Er verteilt sich leichter, lässt sich gut verwenden und löst sich in der Flüssigkeit schneller auf als die etwas größeren Kristalle.

SIRUP UND MELASSE

Sirup und Melasse sind Nebenprodukte der Zuckerraffination. Ein Teil des Zuckers wurde in zähflüssige Glukose und Fruktose gespalten, das schmeckt toll nach Karamell. Möchte man einen Sodasirup oder eine Limonade ohne Gärung zubereiten, ist heller Sirup ein prima Süßungsmittel. Man kann Sirup auch als Süßungsmittel in vergorenen Getränken verwenden, da die Hefe und die Bakterienkultur die Sirupsüße mögen. Für vergorene Getränke lässt sich weißer oder brauner Zucker aber leichter abmessen und verarbeiten. Und das neutrale Aroma eignet sich gut, wenn man den Charakter von Früchten und Beeren nicht überlagern möchte. Für ein kräftigeres Aroma, wie man es z. B. in Root Beer, Cola oder Wacholdermost erreichen möchte, kann man dunklen Sirup verwenden. Der schmeckt intensiv nach getrockneten Früchten und hat eine dunklere Farbe.

MUSCOVADOZUCKER

Muscovadozucker ist ein Rohzucker, der aus Zuckerrohr gewonnen wird. Der Zucker wird nicht raffiniert und zeichnet sich daher durch Aroma, Nährstoffe und die dunkle Farbe aus. Er enthält 10–15 % Melasse. Er hat einen fruchtigen und kräftigen Geschmack nach Früchten, Rosinen, Schokolade und Lakritz. Die helle Variante schmeckt mild nach Sahnekaramell, die dunkle hat eine intensivere Karamellnote, die an Lakritz und an angebranntes Karamell erinnert.

Da der Muscovadozucker geschmacksintensiv ist und einen einzigartigen Charakter hat, ist der Anwendungsbereich hierfür etwas kleiner als für braunen oder weißen Zucker. Er kann für ein würziges Soda verwendet werden, z. B. für Cola oder Wacholdermost. Man kann auch hellen Muscovadozucker für Ginger-Ale-Sirup (S. 38) verwenden, der milde Karamellgeschmack verbindet sich schön mit dem Ingwer. Setzt man aber eine Sodakultur mit Muscovadozucker an, bekommt das Soda eine dunkle Farbe und einen würzigen Geschmack, was nicht zu zarten Aromen wie etwa Himbeeren passt. Die Bakterien lieben den dunklen Zucker, aber das Ergebnis wird wahrscheinlich anders ausfallen, als man es sich vorgestellt hat.

HONIG

kann als Süßungsmittel in Sirup und Limonade verwendet werden, ist aber nicht für die Gärung von Soda oder Kombucha geeignet. Die Hefebakterien sind nämlich der Meinung, es sei nicht genügend Zucker im Honig enthalten, deshalb kommt die Gärung nicht richtig in Gang.

PALMZUCKER & KOKOS-BLÜTENZUCKER

Palmzucker wird aus dem Nektar von vor allem Palmblüten gewonnen, Kokosblütenzucker, eine besonders edle Variante des Palmzuckers, aus dem Nektar der Kokosblüte. Palmzucker soll etwas gesünder sein als herkömmlicher Zucker aus Zuckerrohr und -rüben. Er schmeckt nach Karamell und hat eine mildere Süße als normaler Zucker, er eignet sich gut für Limonade und Sirup. Er schmilzt und karamellisiert jedoch nicht, daher kann man ihn z. B. nicht für den Sanddorn-Trocadero (S. 47) oder das Cream Soda (S. 24) verwenden. Genau wie Honig lässt sich Palmzucker nicht für Gärprozesse einsetzen.

MAISSIRUP

Chemisch hergestellter Sirup aus Mais, der häufig für industriell hergestelltes Soda und Limonade verwendet wird.

In den USA wird Maissirup in großem Umfang Erfrischungsgetränken zugesetzt und soll noch ungesünder sein als Rohrzucker. Sein hoher Fruktosegehalt ist sehr umstritten, denn er kann sich negativ auf die Gesundheit auswirken. Hierfür gibt es bislang keinen endgültigen Nachweis, doch die Debatte ist mehr als lebhaft. In Hotels, Restaurants und Bars bezahlen dort viele gerne mehr Geld für mexikanisches Soda, da es Rohrzucker enthält.

GEWÜRZE

Beim Kochen von Sirup und der Zubereitung von Soda lassen sich verschiedene Gewürze einsetzen, um das richtige Aroma hervorzubringen. Für Cola z. B. kocht man einen Gewürzsud aus Zimt, Sternanis, Koriandersamen, Pomeranze, Vanille, Ingwer, Muskatnuss, Muskatblüte (Macis) etc. Ganz schön viele Gewürze in einem einzigen Soda, um den ultimativen Cola-Geschmack zu erhalten.

Root Beer ist die amerikanische Antwort auf Malzbier und Wacholdermost. Darin vereinen sich Wurzeln, Rinden und Gewürze zu einem einzigartigen, würzigen Aroma.

Zitronen- und Weinsäure werden verwendet, um die Süße in den Getränken auszugleichen, da frische Zitrussäfte allein meist nicht genügend Säure liefern. Nimmt man zu viel Zitronensaft, werden die Getränke zu sehr verdünnt und schmecken stark nach Zitrone. Durch die Zugabe von Zitronen- oder Weinsäure erhält man mit nur wenigen Teelöffeln eine deutliche Säure.

ZIMT
Ein Geschmacksstoff in vielen Getränken, z. B. Cola (S. 40), Weihnachtsmost (S. 102) und Südstaatensoda mit Zimt (S. 28). Manchmal soll es ganz stark nach Zimt schmecken, manchmal wünscht man sich eine etwas diskretere Note, die sich mit den anderen Gewürzen im Getränk verbindet. Ich verwende meist Ceylon-Zimt, der im Vergleich zum „normalen" Zimt ein fantastisches Aroma hat. Ceylon-Zimt bekommt man in gut sortierten Supermärkten und an Gewürzständen auf dem Markt.

STERNANIS
zaubert mit seinem milden Lakritzgeschmack ein tolles Aroma in das Getränk. Nur nicht überdosieren!

MUSKATNUSS & MUSKATBLÜTE
Die sogenannte Blüte liegt wie ein Netz rund um die Muskatnuss. Sie hat ein milderes Muskataroma als die Nuss selbst und man kann sie daher in einem Sirup mitkochen, ohne dass sie das Aroma dominiert.

INGWER
Richtig frisch schmeckt ein Getränk nur, wenn Sie auch frischen Ingwer verarbeiten. Getrockneter Ingwer schmeckt manchmal zu stark nach Pfefferkuchen und Weihnachtsgewürz.

POMERANZE & BITTERORANGE
Getrocknete Pomeranze schmeckt schön nach Zitrusfrucht und ist ein wenig bitter. Sie sollten Sie allerdings sparsam einsetzen, da sie leicht zu dominant wird.

KORIANDERSAMEN
können verwendet werden, um dem Sirup oder der Soda ein komplexeres Aroma zu verleihen. Ihr Aroma verbindet sich gut mit Beeren und würzigen Noten.

VANILLE
Beim Kauf einer Vanilleschote sollte man darauf achten, dass sie weich und noch leicht feucht ist. Trockene und harte Früchte haben schon einen Teil ihres fantastischen Aromas verloren und es ist sehr beschwerlich, das Mark herauszukratzen, die Schale bricht dann leicht.

KARDAMOM
Zum Kochen von Sirup und zur Aromatisierung anderer Getränke verwendet man die grüne Kardamomkapsel. Sie kann mitkochen und ihren Geschmack abgeben, dann wird sie herausgefiltert.

CHINARINDE
Die bittere Chinarinde oder Cinchonarinde stammt aus Südamerika und wird als Arzneimittel gegen Malaria verwendet. Durch diese Rinde erhält Tonic (S. 33) seinen einzigartigen bitteren Charakter. Chinarinde bekommt man an Kräuterständen auf dem Markt, in Reformhäusern und in Fachgeschäften, die sich auf das Brauen zu Hause spezialisiert haben – und natürlich im Internet.

SASSAFRAS-WURZELRINDE
Eine der Hauptzutaten im amerikanischen Root Beer (S. 102). Erhältlich an Kräuterständen, in Reformhäusern und Fachgeschäften, die sich auf das Brauen zu Hause spezialisiert haben. Da die Pflanze im Verdacht steht, karzinogen zu sein, empfiehlt sich die Verwendung von Sassafras-Armona (z. B. von LorAn Oils).

LÖWENZAHNWURZEL
Eine Zutat, die u. a. für Root Beer verwendet wird, aber auch einer Reihe anderer Sodarezepte Charakter verleihen kann. Erhältlich an Kräuterständen, in Reformhäusern und Fachgeschäften, die sich auf das Brauen zu Hause spezialisiert haben. In Großbritannien und den USA gibt es Löwenzahn-Soda aus Löwenzahnblättern und -wurzeln.

ESSENZEN und FARBSTOFFE

Die Rezepte in diesem Buch basieren auf reinen Zutaten, und als Basis für ein Sodakonzentrat, ein sprudelndes Soda oder eine Limonade dienen lediglich Gewürze, Früchte, Beeren und Kräuter. Wir verwenden keinerlei chemisch hergestellte Essenzen oder Farbstoffe, einzige Ausnahme ist die industriell hergestellte Bittermandelessenz, um diese besondere Bittermandelnote zu erreichen.

OBST

Sowohl frisches als auch gefrorenes Obst eignet sich für Sodas und Limonaden. Idealerweise nimmt man natürlich das, was saisonal verfügbar ist. Im Sommer, wenn die Büsche sich unter all den Himbeeren biegen, bieten sich frische Beeren an, im Herbst und Winter verwendet man stattdessen gefrorene.

Bei gefrorenen Beeren ist es wichtig, diese vor der Verarbeitung gut auftauen zu lassen, weil Hefe und Sodakultur keine Kälte mögen. Der Gärprozess kommt nur schwer in Gang, und was man auch versucht: Das Soda wird kaum Kohlensäure enthalten. Das gilt aber auch für zu viel Wärme. Verwenden Sie die Zutaten, die einem Gärprozess unterzogen werden sollen, bei Zimmertemperatur.

Zitrusfrüchte schmecken am besten im Winter, denn dann haben sie Hochsaison. Doch auch wenn keine Saison ist, sollten Sie frisch gepresste Zitrusfrüchte verwenden und sie bloß nicht durch Saft aus der Flasche ersetzen.

Von der GESUNDEN QUELLE bis zur ZUCKERLIMO

Im Jahr 1874 taten sich die Apotheker Stockholms zusammen und gründeten das Mineralwasserunternehmen „Apotekarnes Mineralvatten AB". Das war der Startschuss für das in Flaschen abgefüllte „Erfrischungswasser" in Schweden.

Anfang des 20. Jahrhunderts brachte die „Nordstjernans Mineralvattenfabrik" in Schweden das erste Erfrischungsgetränk *Citron Brus* (zu Deutsch etwa „Zitronenbrause") auf den Markt. Danach folgten Marken wie *Sockerdricka, Julmost, Champis, Pommac, Loranga* und in den 1950er-Jahren *Zingo* und *Trocadero* – nach einer Runde auf der Tanzfläche die beste Wahl zu einem Würstchen von der Imbissbude.

Die klassischen schwedischen Limonadensorten wurden später von den internationalen Konzernen durch *Coca-Cola, Fanta, Pepsi* und *Sprite* verdrängt. Ende der 1990er-Jahre jedoch erstrahlten sie in neuem Glanz: Die schwedischen Limonaden wurden in einer modernen Brauerei wieder hergestellt, die sich zum Ziel gesetzt hatte, die klassischen Sorten von früher wieder aufleben zu lassen.

Inzwischen hat es in Schweden und in anderen westlichen Ländern eine Limonadenrevolution gegeben. Soda und Limonaden aus Mikro-Brauereien mit natürlichen Gärmethoden und meist Bio-Zutaten sind der Renner. Das Soda ist zurück und am besten sollte es natürlich hergestellt sein. Italienisches Blutorangensoda, englische Limonade mit Kohlensäure,

deutsche *afri cola* oder *fritz-Kola* und *Kombucha* sind nur einige der Trendgetränke, die man heute im Regal findet.

Und wenn Neuheiten ihren Weg erst einmal in die Supermarktregale gefunden haben, dauert es nicht mehr lange, bis man darüber nachdenkt, z. B. dieses leckere Orangensoda in der eigenen Küche herzustellen.

Amerikanische SODA-FOUNTAINS

Am populärsten ist Soda, das mit Sirup gemischt wird. Diese Zubereitungsmethode hat die Limonadenherstellung in den USA im späten 19. Jahrhundert in Fahrt gebracht. Man verdünnte aromatisierten Sirup mit kohlensäurehaltigem Wasser.

Zur Zeit der Prohibition, als man – offiziell – keine alkoholhaltigen Getränke mehr bekam, spielte das Soda eine wichtige Rolle. Überall entstanden kleine Soda-Bars, sogenannte Soda-Fountains, oft in einer Drogerie. Dort kam sprudelndes Soda aus einem Hahn, dieses wurde mit aromatisiertem Sirup vermischt und meist kam noch eine Kugel Speiseeis hinzu (*ice cream soda*). Die Person, die das Getränk zubereitete, hieß *soda jerk*. Die Bezeichnung „Jerk" leitete sich vom amerikanischen Wort für die Bewegung ab, mit der man das Wasser aus dem Hahn pumpte – *to jerk*.

Die Verbindung der Soda-Fountains mit einer Drogerie oder Apotheke sollte den Eindruck vermitteln, das Sodawasser sei so gesund wie das Wasser aus natürlichen Mineralquellen, die direkt aus dem Boden sprudelten.

KAPITEL 1

SODASIRUP

Sodasirup wird mit kohlensäurehaltigem Wasser aufgegossen, entweder aus einer Kohlensäuremaschine (Soda Streamer), einem Siphon oder ganz einfach mit gekauftem Sprudelwasser – was aber unnötig ist, da das Wasser aus der Leitung meist von ausgezeichneter Qualität ist und ganz einfach mit Kohlensäure versetzt werden kann.

Dies ist die klassische Zubereitungsart. So wird handelsübliche Limonade in den meisten Fällen produziert: Man stellt eine süße, konzentrierte Sirupbasis her, die mit kohlensäurehaltigem Wasser vermischt wird. Das Ergebnis ist eine aromatisierte kohlensäurehaltige Limonade.

Der Sirup selbst wird entweder kalt gerührt oder gekocht. Die gekochte Variante hält länger und ist aromatischer, außerdem lösen sich die Zuckerkristalle besser auf. Die kalt gerührte Variante lässt sich ganz einfach herstellen, wenn man schnell ein erfrischendes Getränk braucht.

Man kann Sirup aus Obst, Gewürzen, Kräutern und Rinde und eben Zucker kochen. Damit das Ganze nicht zu süß wird, füge ich immer irgendeine Form von Säure zu, entweder eine frisch ausgepresste Zitrusfrucht oder Wein- oder Zitronensäure. Zitronensäure im Tütchen (meist im Backregal) ist kristallin und synthetisch hergestellt. Wer das nicht möchte, presst eine Zitrone aus.

MENGEN

Beim Mischen von Sirup mit kohlensäurehaltigem Wasser empfehle ich 1–1½ EL Sirup auf 200 ml Wasser (also ein nicht zu großes Glas), aber das hängt natürlich davon ab, welchen Sirup man verwendet und wie gehaltvoll das Soda sein soll. Füllen Sie zunächst Eis ins Glas und ergänzen Sie dann Sirup und Wasser.

AUFBE-WAHRUNG

Der Sodasirup wird im Kühlschrank in luftdichten Gläsern oder Flaschen aufbewahrt. Je nach Zutaten hält er vier Wochen bis drei Monate. Sirup aus vergorenem Obst hat im Kühlschrank eine Haltbarkeit von vier bis sechs Wochen, Gewürzsirup, z. B. Cola, Tonic und Ginger Ale von bis zu drei Monaten. Zum Test einfach öffnen und daran riechen: Duftet der Sirup frisch und haben sich keine Bläschen durch die Gärung gebildet, können Sie ihn verwenden.

CREAM SODA

Dieses süße amerikanische Getränk unterscheidet sich ein wenig vom schwedischen Klassiker Sockerdricka aus dem 19. Jahrhundert, das aus Wasser, Zucker, Ingwer und Zitronensäure besteht. Das schwedische Getränk ist süß, hat aber eine säuerlich-fruchtige Note. Die amerikanische Variante schmeckt süß nach Vanille, fast so wie die oberste Schicht einer Crème brûlée. Das Soda hat eine hellbraune Farbe, weil man den Zucker karamellisiert, bevor der Sirup mit Vanille eingekocht wird. Um die Entstehung des Namens ranken sich eine Reihe von Geschichten, denn das Getränk hat gar nichts mit Sahne (engl. cream) zu tun! Einige meinen, es läge daran, dass man in früheren Rezepten Weinsteinbackpulver (engl. cream of tartar) verwendet hat. Ich halte allerdings die Erklärung für wahrscheinlicher, dass das Aroma eben genau an diese Zuckerschicht auf einer Crème brûlée erinnert. Für meinen Geschmack ist die amerikanische Variante etwas zu süß, daher sorge ich mit frisch gepresstem Zitronensaft für etwas mehr Ausgewogenheit.

Etwa 1 l
450 g Raffinadezucker
500 ml Wasser
Mark von ½ Vanilleschote
100 ml frisch gepresster Zitronensaft

Den Zucker in einen Topf füllen und bei mittlerer Hitze schmelzen, bis er goldbraun und karamellisiert ist. Dabei den Zucker nicht rühren, sondern den Topf leicht schütteln. Wenn man rührt, schmilzt der Zucker nicht gleichmäßig, und größere Kristalle bleiben am Löffel kleben.

Vom Herd nehmen und Wasser und Vanille hinzufügen. Durch das kalte Wasser bekommt der Zucker einen „Schock", halten Sie daher etwas Abstand, damit nichts ins Auge spritzt. Das Ganze einkochen, bis der Zucker sich aufgelöst hat. Abdecken und 1 Stunde zugedeckt stehen und abkühlen lassen.

Den Zitronensaft zugeben, dann abseihen und den Sirup in Flaschen füllen. Kühl aufbewahren.

HIMBEERSIRUP

Ganz einfache Aromen – Himbeeren und Zitrone. Gießen Sie den Sirup mit kohlensäurehaltigem Wasser auf.

Etwa 1 l
650 g Himbeeren
400 g Raffinadezucker
350 ml Wasser
150 ml frisch gepresster Zitronensaft
½ TL Zitronensäure

Himbeeren, Zucker und Wasser in einem Topf aufkochen. Dann vom Herd nehmen und abkühlen lassen, dabei mit einem sauberen Küchenhandtuch abdecken.

Mit Zitronensaft und Zitronensäure vermischen. Durch ein Seihtuch gießen und in gründlich gereinigte Glasflaschen füllen.

GRAPEFRUITSODA

Erfrischend und leicht bitter. In der weißen Schale der Grapefruit befinden sich die Bitterstoffe. Je mehr weiße Schale Sie verwenden, desto bitterer wird der Sirup. Probieren Sie auch einmal rosa Grapefruits. Der Sirup schmeckt dann ein wenig parfümierter, was sich in einem Getränk mit einer Scheibe Zitrone und Eis ganz gut macht.

Etwa 1 l
**Schale von 3 weißen
    Bio-Grapefruits
300 ml frisch gepresster
    weißer Grapefruitsaft
100 ml Wasser
100 ml frisch gepresster
    Zitronensaft
1 TL Zitronensäure
400 g Raffinadezucker
1 Prise Meersalz**

Die Grapefruits heiß waschen und mit einem Schälmesser oder Zestenreißer schälen. Die Schale zur Seite legen.

Grapefruitsaft, Wasser, Zitronensaft, Zitronensäure, Zucker und Salz in einem Topf vermischen. Aufkochen und dann vom Herd nehmen. Die Grapefruitschale einrühren. Etwa 1 Stunde abkühlen und ziehen lassen.

Durch ein Seihtuch oder ein feines Sieb gießen. Dann in gründlich gereinigte Glasflaschen füllen und im Kühlschrank aufbewahren.

RHABARBER-LIMETTEN-SODA MIT ZITRONENGRAS

Durch die rötlichen Fasern vom Rhabarber erhält das Soda eine hübsche Farbe, aber natürlich funktioniert das Rezept auch mit Rhabarber, der noch hellgrün ist. Die Farbe ist dann nicht ganz so schön, aber das Soda ist sehr lecker und hat einen feinen säuerlichen Geschmack!

Etwa 1 l
**1 Stängel Zitronengras
500 g geputzter Rhabarber
400 g Raffinadezucker
400 ml Wasser
200 ml frisch gepresster
    Limettensaft
½ TL Zitronensäure**

Mit der stumpfen Seite einer Messerklinge oder im Mörser das Zitronengras zerdrücken, dann in Streifen schneiden und zusammen mit Rhabarber, Zucker und Wasser in einem Topf einige Minuten einkochen. Vom Herd nehmen und unter einem sauberen Küchenhandtuch abkühlen lassen.

Mit dem Limettensaft vermischen. Zunächst durch ein Sieb passieren und anschließend durch ein Seihtuch gießen. Den Sirup in gründlich gereinigte Glasflaschen füllen und im Kühlschrank aufbewahren.

BRITISH-LEMONADE-SIRUP

Was man in Großbritannien lemonade *nennt, ist nicht das erfrischende, nach Zitrone schmeckende Getränk, an das man in anderen Teilen der Welt denkt.* Lemonade *erinnert mehr an schwedisches Fruchtsoda: ein kohlensäurehaltiges, klares Soda mit einem süßen und leicht fruchtig-säuerlichen Geschmack. Man mischt die Limonade mit Pimm's-Likör, trinkt sie, wie sie ist, mit einer Scheibe Limette im Glas, oder man fügt ein Shandy, also Biermischgetränk, hinzu (siehe Seite 74).*

Etwa 600 ml
**350 g Raffinadezucker
500 ml Wasser
3 EL frisch gepresster
    Zitronensaft
1½ TL Zitronensäure**

Zucker und Wasser in einem Topf einkochen. Dann vom Herd nehmen und Zitronensaft und Zitronensäure einrühren. Abkühlen lassen. In Glasflaschen füllen und im Kühlschrank aufbewahren.

SÜDSTAATENSODA MIT ZIMT

Im Süden der USA, wo Fleisch stundenlang geräuchert und auf langen Platten mit Mac 'n' Cheese, Fried Beans und Coleslaw serviert wird, trinkt man oft ein Zimtsoda zum Essen. Es hat ein scharfes Zimtaroma, ungefähr so wie die Kaugummisorte Big Red. Leider werden häufig synthetische Farb- und Aromastoffe verwendet, um die feuerrote Farbe und die Schärfe zu erzeugen. Bei meiner Variante verwende ich für die charakteristische rote Farbe Hibiskusblüten oder Flor de Jamaica, wie man in Mexiko sagt. Hibiskusblüten erhält man an Gewürzständen oder in Reformhäusern.

Etwa 400 ml
1 Granatapfel
140 g Rohrohrzucker
600 ml klarer Apfelsaft
8 Zimtstangen
½ EL getrocknete Hibiskusblüten
1½ TL Zitronensäure

Den Granatapfel entkernen. Den Zucker in einem Topf schmelzen, bis er goldbraun ist, dann sofort vom Herd nehmen.

Den Apfelsaft hinzufügen. Vorsicht: Durch die Hitze des Zuckers kann es spritzen!

Wenn der Zucker fest geworden ist und wie eine Platte auf dem Boden des Topfes liegt, den Zucker mit einer Gabel oder einem Löffel vorsichtig anheben, damit er sich in der Flüssigkeit auflöst.

Die Zimtstangen in einer Küchenmaschine zu einem groben Pulver verarbeiten. Dieses dann mit den Hibiskusblüten, den Granatapfelkernen und der Zitronensäure in den Topf geben. Ohne

Deckel etwa 30 Minuten köcheln. Vom Herd nehmen und zugedeckt abkühlen lassen.

Durch ein Seihtuch gießen und in gut gereinigte Flaschen füllen. Im Kühlschrank aufbewahren.

KARTOFFELSTICKS

Diese knusprigen Kartoffelstreifen mit Zwiebelgeschmack sind eine Mischung aus Pommes und Chips.

500 g Kartoffeln, z. B. Asterix, Bintje oder La Ratte
1–1½ l geschmacksneutrales Öl, z. B. Rapsöl
½ TL Zwiebelpulver
1 TL Salzflocken

Die Kartoffeln in dünne Scheiben, dann in schmale Streifen schneiden. In eiskaltes Wasser legen und für etwa 1 Stunde in den Kühlschrank stellen.

Das Wasser abgießen und die Kartoffelstreifen auf einem sauberen Geschirrtuch abtropfen lassen. Dann erneut 30 Minuten kalt stellen.

Das Öl auf 160 °C erhitzen. Die Kartoffelstreifen in mehreren Portionen frittieren, bis sie goldgelb und knusprig sind. Mit einem Schöpflöffel herausnehmen und auf Küchenpapier abtropfen lassen.

Die Kartoffelsticks mit Zwiebelpulver und Salz vermengen, solange sie noch warm sind. Pur oder in Mayonnaise gedippt verknuspern.

KORIANDER-MAYONNAISE

Etwa 250 ml
2 Bund Koriander
3 sehr frische Eigelb
1½ EL frisch gepresster Limettensaft
2 Msp. gemahlener Koriander
1 Knoblauchzehe, zerdrückt
250 ml geschmacksneutrales Öl, z. B. Rapsöl
Salz

Den frischen Koriander putzen und die Blättchen abzupfen. Eigelb, Limettensaft, Korianderpulver, Korianderblättchen und Knoblauch in einem Mixer pürieren. Das Öl bei laufendem Motor in dünnem Strahl zugießen, bis die Mayonnaise dick und grünlich ist. Mit Salz und Limettensaft abschmecken.

CHILIMAYONNAISE

Etwa 250 ml
2 sehr frische Eigelb
1½ EL Weißweinessig
1 EL japanische Sojasauce
½ Knoblauchzehe, zerdrückt
2 EL Sriracha (scharfe Chilisauce)
250 ml geschmacksneutrales Öl, z. B. Rapsöl
Salz

Eigelb, Essig, Sojasauce, Knoblauch und Sriracha in einer Schüssel mit einem Schneebesen verrühren. Das Öl in dünnem Strahl unterrühren, bis die Mayonnaise die gewünschte Konsistenz hat. Mit Salz, Essig und Chilisauce abschmecken.

EXOTISCHER PASSIONSFRUCHT-SIRUP

Eine Kombination aus Passionsfrucht, Ananas und Limette. Am besten gelingt der Sirup mit frisch entsafteter Ananas, aber es geht auch mit gekauftem Ananassaft. Verwendet man fertigen Saft, kann man die Zuckermenge um 40 g reduzieren.

Etwa 500 ml
100 g Passionsfruchtfleisch
1½ TL Zitronensäure
500 ml Ananassaft
320 g Raffinadezucker
100 ml frisch gepresster Limettensaft

Das Passionsfruchtfleisch mit Zitronensäure, Ananassaft und Zucker in einen Topf geben. Aufkochen und etwa 10 Minuten einkochen. Den Limettensaft hinzufügen und abkühlen lassen.

Durch ein Seihtuch oder ein feines Sieb gießen. Anschließend in Flaschen füllen und kühl aufbewahren.

DRACHEN-FRUCHTSIRUP

Dieser Sirup muss nicht gekocht werden, sondern wird kalt angerührt und püriert. Durch die intensive Farbe der Fruchtschale wird der Sirup beinahe pink. Die Stärke in der Frucht kann dem Soda eine leicht schleimige Konsistenz verleihen, doch durch die frische Säure ist dies ein wirklich erfrischendes Getränk. Mit viel Eis servieren.

Etwa 200 ml
½ vollreife Pitahaya (Drachenfrucht)
100 ml frisch gepresster Limettensaft (etwa 3 Limetten)
70 g klarer Honig

Die äußere Schale der Drachenfrucht entfernen, aber nicht die innere, rosa Schale. Die Frucht in Stücke schneiden und mit einem Stabmixer pürieren. Limettensaft und Honig einrühren.

Mit viel Eis servieren und mit kohlensäurehaltigem Wasser vermischen.

BANANENCHIPS

Frittierte Kochbanane in dünnen Scheiben ergibt knusprige Chips. Und bevor jemand fragt: Man kann die Kochbanane nicht durch eine normale Banane ersetzen, denn letztere zerfällt beim Frittieren zu Püree.

2–3 Kochbananen
1–1½ l geschmacksneutrales Öl, z. B. Rapsöl
Salz

Die Banane schälen und schräg in 1–2 mm dicke Scheiben schneiden.

Das Öl auf 180 °C erhitzen. Die Chips in mehreren Portionen 2–3 Minuten lang frittieren, bis die Bananenscheiben knusprig sind. Auf Küchenpapier abtropfen lassen.

In etwas Salz schwenken, solange die Chips noch warm sind. Vor dem Servieren abkühlen lassen.

TONICSIRUP FÜR SELBST GEMACHTES TONIC WATER

Tonic lässt sich wunderbar einfach so trinken, mit etwas Zitrone und Eis, aber nichts schmeckt mehr nach einem entspannten Sommerurlaub als ein Gin Tonic. Zwei oder drei Zutaten (wenn man die Zitrone mitzählt), mehr braucht es nicht für diesen guten Longdrink. Das kriegt selbst der faulste Urlauber hin. Und mit selbst gemachtem Tonic im Kühlschrank wird dieser Drink zu etwas ganz Besonderem.

Für die Herstellung eines Tonicsirups braucht man nicht viele Zutaten, aber es ist wichtig, die richtigen Mengen zu verwenden. Die Bitterstoffe liefert die Chinarinde, auch Cinchona-Rinde genannt. Eigentlich stammt die Rinde aus Peru, sie wurde von den spanischen Kolonisatoren in der Welt bekannt gemacht, als diese feststellten, dass die Indianer ein Gebräu aus der Rinde gegen Malaria einsetzten.

Später rettete die Rinde auch den englischen Kolonisatoren das Leben, die das bittere Gebräu trinken mussten, als sie umherfuhren und das britische Empire aufbauten. Es war vermutlich ein genialer Soldat, der auf die Idee kam, das Gebräu mit Zucker, Sodawasser und Gin zu vermischen, um gesund und gleichzeitig bei Laune zu bleiben. Der Gin Tonic war geboren!

Etwa 400 ml
4 Pimentkörner
3 Wacholderbeeren
1 Stängel Zitronengras
500 ml Wasser
180 g Raffinadezucker
90 g Rohrrohrzucker
1½ EL gemahlene Chinarinde
Schale von ½ Bio-Orange

Pimentkörner und Wacholderbeeren im Mörser grob zerstoßen. Zitronengras in Streifen schneiden und ebenfalls zerstoßen. Dann alle Zutaten zusammen aufkochen und etwa 15 Minuten einkochen. Abkühlen lassen und durch ein Seihtuch gießen. Im Kühlschrank aufbewahren.

Für ein gutes Tonic Water 1 EL Sirup mit 200 ml kohlensäurehaltigem Wasser vermengen.

GIN TONIC
deluxe

FÜR 1 LONGDRINK

50 ml Tonicsirup
50 ml Gin
200 ml Sodawasser
1 Zitronenscheibe

Sirup und Gin in einem Glas mit Eis und Zitronenscheibe mischen. Mit Sodawasser auffüllen.

FRITTIERTE OLIVEN

Ultimativer Begleitsnack zu einem Gin Tonic oder einem klassischen Dry Martini. Die Füllung der Oliven können Sie nach Belieben wählen. Am leckersten schmecken sie natürlich frisch frittiert, aber sie bleiben durchaus einige Stunden knusprig.

4 Portionen
600 ml geschmacksneutrales
    Öl, z.B. Rapsöl
200 g gefüllte grüne Oliven,
    z.B. mit Zitrone, Mandeln,
    Sardellen oder Paprika
60 g Weizenmehl
1 Ei
120 g Paniermehl

Das Öl auf 180 °C erhitzen. Die Oliven abgießen und mit dem Mehl vermengen. Das Ei in einem tiefen Teller verquirlen. Das Paniermehl in einen zweiten tiefen Teller geben. Die Oliven zuerst im verquirlten Ei, dann im Paniermehl wälzen.

Die panierten Oliven im heißen Öl goldbraun frittieren, das dauert 2-3 Minuten. Dann auf Küchenpapier abtropfen lassen. Warm oder auf Zimmertemperatur abgekühlt servieren.

POPPERS – *Snacks aus der Fritteuse*

Ich liebe Frittiertes. Und deshalb ist dieses Buch voll davon. Es gibt einfach nichts Besseres als diese knusprigen, knackigen, krossen Snacks. Poppers, kleine Kroketten mit verschiedenen Füllungen, sind der perfekte Fingerfood für einen geselligen Abend. Gerade genug sättigend, um sie zu prickelnden Drinks und Sodas zu servieren.

JALAPEÑO-POPPERS

Ein Dream Team: würziger Cheddar und Jalapeños mit ihrer angenehmen Schärfe. Wer experimentieren möchte, kann auch die leckeren kleinen, grünen Paprikas (Pimientos de Padrón) mit der Käsemasse füllen und frittieren. Sie sind leicht bitter und nicht so scharf wie Jalapeños – wenn man nicht gerade Pech (oder Glück) hat, denn vereinzelt können sie doch richtig scharf sein.

12 Stück
50 g Frischkäse
100 g geriebener Cheddar
12 Jalapeños oder
   Pimientos de Padrón
1–1½ l geschmacksneutrales
   Öl, z. B. Rapsöl
120 g Weizenmehl
2 Eier
240 g Panko (japanisches
   Paniermehl)
Salzflocken

Frischkäse und Cheddar vermengen. Die Jalapeños seitlich einschneiden und alle Kerne herauskratzen. Mithilfe eines kleinen Löffels mit der Käsemasse füllen. Das Öl in einer Fritteuse oder einem großen Topf auf 180 °C erhitzen.

Die Jalapeños mit etwas Wasser anfeuchten und in Mehl wälzen. Die Eier in einem tiefen Teller verquirlen. Die Chilis in Ei tauchen und danach in Panko wälzen.

Die Jalapeños 2–3 Minuten goldbraun und knusprig frittieren. Dann mit einem Schöpflöffel herausheben und auf Küchenpapier abtropfen lassen. Mit Salzflocken bestreuen.

SAUERKRAUT-BACON-CHEDDAR-POPPERS

Sie können das Kraut durch Kimchi ersetzen und mit Cheddar vermischen – auch das ist sehr lecker! Bekommt man keinen Gewürzkäse, verwendet man Cheddar und würzt das Ganze mit je ½ TL ganzen Kümmel- und Kreuzkümmelsamen.

20 Stück
140 g Bacon (durchwachsener
   Speck)
150 g Gewürzkäse (beliebiger Käse
   mit Gewürzen oder Kräutern)
250 g Sauerkraut
3 Eier
2 EL Weizenmehl,
   plus 180 g zum Panieren
30 g Panko (japanisches Panier-
   mehl), plus 210 g zum Panieren
1–1½ l geschmacksneutrales Öl,
   z. B. Rapsöl
Salzflocken

Den Bacon fein würfeln und in einer Pfanne ohne Fett knusprig braten. Auf Küchenpapier abtropfen lassen. Den Käse reiben.

In einer Küchenmaschine Kraut, Bacon und Käse grob zerkleinern, nicht pürieren. 1 Ei, 30 g Panko und 2 EL Mehl unterheben. Im Kühlschrank etwa 15 Minuten quellen lassen.

Das übrige Mehl in einen tiefen Teller geben. Die übrigen 2 Eier in einem weiteren tiefen Teller verquirlen. Panko in einen dritten Teller füllen.

Den Teig zu 20 gleich großen Bällchen formen und in Mehl wälzen. Dann die Bällchen in Ei und schließlich in Panko wälzen.

Das Öl auf 180 °C erhitzen und die Bällchen darin 3–5 Minuten goldbraun frittieren.

KRABBEN-POPPERS

Die Deluxe-Variante mit Königskrabbe! Dazu serviert man am besten Ginger Beer, Barley Water oder Zitronensoda.

Etwa 12 Stück
250 g Krebsfleisch (etwa 3 Beine
   der Königskrabbe)
1 Bund Schnittlauch, fein gehackt
3 Eier
30 g Panko (japanisches Panier-
   mehl), plus 210 g zum Panieren
2 EL Weizenmehl,
   plus 120 g zum Panieren
Salz und schwarzer Pfeffer
1–1½ l geschmacksneutrales
   Öl, z. B. Raps- oder Maisöl
Salzflocken

Das Krebsfleisch grob hacken. Den Schnittlauch in feine Röllchen schneiden, dann mit dem Krebsfleisch, 1 Ei, 30 g Panko und 2 EL Weizenmehl vermengen. Mit Salz und Pfeffer abschmecken.

Den Teig zu kleinen Bällchen formen. Mehl, die übrigen Eier und Panko wie im Rezept oben in drei Teller geben und die Bällchen darin nacheinander wälzen.

Das Öl auf 180 °C erhitzen und die Bällchen darin 2–3 Minuten goldbraun und knusprig frittieren. Noch warm mit Salzflocken bestreuen.

ROBS LIEBSTES KIRSCHSODA

Amaretto, Tiramisu, Cantuccini, Schokolade und Kirschlimonade – nichts davon würde gut schmecken ohne das Aroma von Bittermandeln! Sie sind schuld, dass Cherry-Coke und Dr. Pepper ein wenig künstlich, aber sehr lecker nach Kirschen schmecken. Das einzigartige Aroma ist in den Kernen von Steinobst (Pfirsiche, Nektarinen, Aprikosen, Pflaumen und Kirschen) enthalten. Bei der Herstellung von Obstwein, z. B. Kirsch- oder Pflaumenwein, dürfen die Kerne mitgären, entweder zerstoßen oder ganz. Das verleiht dem Getränk diesen tollen Geschmack nach Bittermandel. Da dieser Sodasirup weder gärt noch besonders lange kocht, wird im Rezept Bittermandel ergänzt.

Etwa 800 ml
500 g entsteinte Kirschen
270 g Rohrohrzucker
300 ml Wasser
½ TL Zitronensäure
150 ml frisch gepresster Zitronensaft (etwa 2–3 Zitronen)
fein abgeriebene Schale von 1 Bio-Zitrone
1 Spritzer Bittermandelessenz
1 Prise Salz
Cocktailkirschen zum Garnieren

In einem Topf Kirschen mit Zucker, Wasser und Zitronensäure aufkochen. Dann etwa 20 Minuten sanft einkochen, bis die Kirschen zusammenfallen und der Sirup schön rot und sämig wird.

Den Topf vom Herd nehmen. Zitronensaft, Zitronenschale, Bittermandelessenz und Salz unterrühren. Abkühlen lassen. Durch ein Seihtuch gießen und in gründlich gereinigte Glasflaschen füllen. Im Kühlschrank aufbewahren.

Den Sirup mit Sodawasser und Eis mischen und mit einer Cocktailkirsche garnieren.

> **Kirscheis**
> Vermengen Sie die abgeseihten Kirschen in einer Eismaschine mit einer Portion Vanilleeis (siehe Seite 108). Extrem lecker!

INGWER-HIMBEER-SIRUP

Ein frisch-fruchtiger Geschmack mit etwas pfeffriger Schärfe durch den Ingwer. Dieser Sirup ist frisch gepresst und kalt gerührt, daher hält er nicht so lange wie andere Sorten Sirup. Stellen Sie ihn in den Kühlschrank und brauchen Sie ihn innerhalb von 2 Tagen auf. Geben Sie etwa 2½ EL Sirup auf 200 ml kohlensäurehaltiges Wasser.

Etwa 400 ml
150 g Rohrohrzucker
150 ml plus 100 ml Wasser
1½ TL Zitronensäure
300 g Ingwer
100 g Himbeeren

Zucker, 150 ml Wasser und Zitronensäure zu Läuterzucker kochen. Abkühlen lassen.

Den Ingwer schälen und in einen Zentrifugalentsafter geben, er sollte etwa 150 ml Ingwersaft ergeben.

Ingwersaft, Läuterzucker, 100 ml Wasser und die Himbeeren vermischen. Mit einem Stabmixer pürieren und durch ein feines Sieb gießen. Kühl aufbewahren und bald verbrauchen.

BITTERSODA MIT GRAPEFRUIT UND ROTEN JOHANNISBEEREN

Leicht bittere Getränke schmecken im Sommer ganz hervorragend. Aperol mit Sodawasser ist erfrischend und der herbe Nachgeschmack passt gut zu salzigen Chips oder Nüssen.

Meine Variante dieses italienischen Lieblingsdrinks ist ein richtig bitterer Sirup mit Grapefruitaroma und der angenehmen Frische von – am liebsten – selbst gepflückten, angenehm säuerlichen roten Johannisbeeren. Soll es etwas gehaltvoller prickeln, kann man das Soda statt mit Sodawasser auch mit Sekt auffüllen, dann wäre es ein Aperol Spritz.

Etwa 700 ml
3 Bio-Grapefruits
350 ml frisch gepresster
    weißer Grapefruitsaft
1 TL ganze Koriandersamen
200 ml Wasser
250 g rote Johannisbeeren
1½ TL Weinsäure
350 g Raffinadezucker
1 Prise Salz

Die Grapefruits mit einem Sparschäler schälen. Hier muss man es mit der weißen Haut nicht so genau nehmen. Man kann ruhig reichlich weiße Schale mit verarbeiten, denn sie liefert Bitterstoffe.

Die Koriandersamen im Mörser zerdrücken.

Grapefruitschale und -saft, Wasser, Johannisbeeren, Koriandersamen, Weinsäure, Zucker und Salz in einem großen Topf vermischen.

Aufkochen und offen 10 Minuten einkochen. Zugedeckt abkühlen lassen.

Durch ein Seihtuch gießen und in kleine Flaschen füllen. Im Kühlschrank aufbewahren.

Gibt es einen Unterschied zwischen *Ginger Beer* und *Ginger Ale?*

Die vielen verschiedenen Namen würziger Ingwergetränke sind etwas verwirrend. Warum heißt es **Beer** und **Ale** – was ist der Unterschied? Ganz einfach: **Ginger Beer** sagt man, wenn das Getränk mit Hefe oder durch natürliche Fermentation zubereitet wurde. **Ginger Ale** besteht aus Sirup oder Konzentrat, gemischt mit kohlensäurehaltigem Wasser.

GINGER-ALE-SIRUP

Ein Glas Ginger Ale ist an sich schon lecker, aber ein Drink aus selbst gemachtem Ginger Ale schmeckt doch viel besser als die gekaufte Variante. Bei diesem Sirup sind die Schärfe des Ingwers, die Süße des Zuckers und die Säure der Zitrone schön ausgewogen.

Etwa 800 ml
200 g Ingwer
500 ml Wasser
fein abgeriebene Schale
    von 1 Bio-Zitrone
1 TL Zitronensäure
1½ Prise Salz
160 g heller Muscovadozucker
180 g Rohrohrzucker

Den Ingwer waschen oder dünn schälen und in einer Küchenmaschine fein zerkleinern, bis er fast eine breiige Konsistenz hat.

Wasser, Ingwer, Zitronenschale, Zitronensäure und Salz aufkochen. Etwa 5 Minuten köcheln. Dann den Zucker einrühren, sodass er sich in der Flüssigkeit auflöst. Den Topf vom Herd nehmen und den Sirup abgedeckt abkühlen lassen.

Durch ein feines Sieb oder Seihtuch gießen. Anschließend in gründlich gereinigte Glasflaschen füllen und im Kühlschrank aufbewahren.

Mit Eis und kohlensäurehaltigem Wasser vermischen.

COLASIRUP

Der Weg zur perfekten Cola ist beschwerlich. Soll man Muskat, Zimt, Orange, Ingwer, Vanille, Sternanis, Muscovadozucker, Melasse oder vielleicht Lakritzwurzel verwenden? Man sucht diese Balance zwischen Würze, Süße und Säure.

Nach vielen Versuchen gab ich schließlich auf und konzentrierte mich stattdessen darauf, ein Getränk zu kreieren, das etwa so schmeckt wie das Wassereis meiner Kindheit. Meine Variante ist etwas würziger und enthält durch Zitronen- und Limettenschale viel fruchtige Säure.

Seit Ende des 19. Jahrhunderts die erste Flasche Coca-Cola auf den Markt kam, wurden viele Versuche unternommen, diesen einzigartigen Geschmack zu kopieren. In Schweden gibt es seit Sommer 1953 die Cuba-Cola. Bis dahin waren Cola-Getränke jeglicher Art verboten, da sie Phosphorsäure und Koffein enthielten. Als das Verbot dann aufgehoben wurde, war nur drei Monate nach Cuba-Cola auch Coca-Cola in Schweden erhältlich und machte der heimischen Cuba-Cola Konkurrenz. Es wird jedoch erzählt, dass die schwedische Variante in den 1960er- und 1970er-Jahren einen Aufschwung erlebte, als ein politischer Linksruck durch Schweden ging.

Etwa 1 l
Phase 1
400 ml Wasser
400 ml klarer Apfelsaft
Schale von 2 Bio-Orangen
Schale von 1 Bio-Zitrone
Schale von 1 Bio-Limette

4 cm Zimtstange
 (am besten Ceylon-Zimt)
Schale von 1 Bio-Bitterorange
1½ TL ganze Koriandersamen
½ Sternanis
½ EL frisch geriebener Ingwer
2 grüne Kardamomkapseln
4 Datteln
2 EL fein gehackte
 getrocknete Tamarinde
2 Muskatblüten
1 Prise frisch geriebene
 Muskatnuss
½ Vanilleschote
1 TL Zitronensäure
1 Prise Salz

Phase 2
150 g dunkler Muscovadozucker
100 ml dunkler Sirup (Zucker-
 rübenkraut oder Treacle)
270 g Rohrohrzucker
50 ml frisch gepresster
 Orangensaft
150 ml frisch gepresster
 Zitronensaft

Alle Zutaten für Phase 1 aufkochen und etwa 30 Minuten sanft einkochen.

Vom Herd nehmen und mit allen Zutaten für Phase 2 – bis auf den Zitronensaft – vermischen und gut umrühren. Abkühlen lassen.

Den Zitronensaft einrühren. Durch ein Seihtuch gießen und in gründlich gereinigte Flaschen füllen.

Mit kohlensäurehaltigem Wasser und Eis mischen.

CHERRY-COKE

Den Colasirup und den Sirup zu Robs liebstem Kirschsoda (Seite 37) fifty-fifty zu einer Cherry-Coke mischen.

VANILLA-COKE

Den Colasirup und den Sirup für Cream Soda (Seite 24) fifty-fifty mischen. Mit frisch gepresstem Zitronensaft abschmecken.

KNUSPRIGE ZWIEBELRINGE

Wenn Frittiertes richtig knusprig werden soll, ist Panko, das japanische Paniermehl, die erste Wahl! Damit kann eigentlich nichts schiefgehen und das Ergebnis wird immer besonders kross.

4 Portionen
240 g Mehl
180 g Panko (japanisches
 Paniermehl)
2 Eier
1 l geschmacksneutrales
 Öl, z. B. Rapsöl
4 Zwiebeln
Salzflocken

Das Mehl auf zwei getrennte tiefe Teller verteilen. Panko in einen dritten Teller geben und die Eier in einem vierten Teller verquirlen. Das Öl auf 180 °C erhitzen.

Die Zwiebeln schälen, in dünne Scheiben schneiden und diese dann in Ringe teilen. Die Zwiebelringe zunächst in Mehl wälzen und in Ei tauchen. Noch einmal wiederholen und schließlich in Panko wälzen. 1–2 Minuten goldgelb frittieren. Auf Küchenpapier abtropfen lassen und noch warm mit Salz bestreuen.

CHIPS und DIPS

Es gibt gleich ein viel besseres Gefühl, wenn die regional angebauten Kartoffeln im siedenden Öl schwimmen, als wenn man eine große Chipstüte in den Einkaufskorb wirft.

Für perfekte Chips sollte man eine festkochende Kartoffelsorte wählen und am besten eine Fritteuse benutzen, die während des Frittiervorgangs genau 150 °C halten kann. Mit einer Mandoline werden die Scheiben schön dünn und gleichmäßig.

4–8 Portionen
8 mittelgroße Kartoffeln
1½ l geschmacksneutrales
    Öl, z. B. Rapsöl
Salz

Die Kartoffeln nach Belieben schälen oder gründlich waschen und mit Schale verarbeiten. Werden die Kartoffeln geschält, müssen sie sofort in kaltes Wasser gelegt werden, damit sie nicht braun werden.

Die Kartoffeln in 1–2 mm dünne Scheiben schneiden. Sind die Scheiben zu dick, werden sie nicht knusprig, sind sie zu dünn, verbrennen die Chips und schmecken mehr nach Öl als nach Kartoffeln.

Das Öl auf 150 °C erhitzen. Die Kartoffelscheiben in kleinen Portionen frittieren, jeweils etwa 2 Minuten, bis sie goldbraun und knusprig sind. Die Scheiben beim Frittieren bewegen, damit sie nicht aneinanderkleben. Anschließend die Kartoffelscheiben mit einem Schaumlöffel aus dem Öl heben und auf Küchenpapier abtropfen lassen.

Die noch warmen Chips mit Salz oder einer Gewürzmischung bestreuen.

CHIPS WÜRZEN

Sie sollten die Chips unmittelbar nach dem Frittieren würzen. Schwenken Sie eine Portion Chips in einer großen Schüssel mit etwa 1½ TL Gewürzsalz. Die Würzmischungen passen auch zu Popcorn.

SMOKY PAPRIKACHIPS
1 TL Rauchpaprikapulver
    (Pimentón)
2 Prisen Chipotle-Chilipulver
1 TL Zwiebelpulver
1 EL Salz

Alle Zutaten in einem Mörser vermischen.

ZWIEBEL-DILL-CHIPS
1½ EL Salz
3 EL frisch gehackter Dill
½ TL Zwiebelpulver

Den Ofen auf 70 °C Umluft vorheizen. Salz und Dill in einer Küchenmaschine mixen, bis das Salz richtig grün wird. Auf einem mit Backpapier ausgelegten Blech verteilen. Auf der mittleren Schiene im Ofen etwa 20 Minuten trocknen. Herausnehmen, abkühlen und bei Zimmertemperatur weiter trocknen lassen. Mit Zwiebelpulver im Mörser vermischen.

KORIANDER-CHILI-CHIPS MIT LIMETTE
1½ EL Salz
4 EL frisch gehackter Koriander
fein abgeriebene Schale
    von 2 Bio-Limetten
1 TL gemahlener Kreuzkümmel
½ TL Chiliflocken

Den Ofen auf 70 °C Umluft vorheizen. Alle Zutaten gründlich in einer Küchenmaschine mixen. Auf einem mit Backpapier ausge-

legten Blech verteilen und auf der mittleren Schiene im Ofen etwa 20 Minuten trocknen. Herausnehmen, abkühlen und bei Zimmertemperatur weiter trocknen lassen. Die Mischung noch einmal im Mörser mahlen.

TRÜFFEL-PFIFFERLING-CHIPS
½ Handvoll getrocknete
    Pfifferlinge
1½ EL Salz
½ TL weißes Trüffelöl

Pilze und Salz in einer Küchenmaschine fein zerkleinern. Im Mörser zu Pulver verarbeiten, noch verbliebene Stückchen heraussieben. Frisch frittierte Chips damit würzen, mit Trüffelöl beträufeln.

ESSIGCHIPS
200 ml plus 2 EL Weißweinessig
2 EL Salz
1½ TL Weinsäure

Die Kartoffelscheiben vor dem Frittieren etwa 1½ Stunden in 200 ml Weißweinessig einlegen. Mit einem Schaumlöffel herausheben und auf Küchenpapier abtropfen lassen.

Den Ofen auf 70 °C Umluft vorheizen. Salz und 2 EL Weinessig in einer kleinen ofenfesten Schale vermischen. Die Schale auf ein Backblech stellen und auf der mittleren Schiene im Ofen etwa 1 Stunde trocknen lassen. Zwischendurch mehrmals umrühren.

Die getrocknete Mischung im Mörser fein mahlen und die Chips damit würzen.

Rezepte für Dips finden Sie auf der nächsten Doppelseite.

DIPS

Ein Dip muss schön dick und cremig sein und viel Aroma haben, damit man nur einmal dippen muss. Dips, die man fertig kaufen kann, enthalten fast immer Verdickungs- oder Bindemittel. Für die perfekte Konsistenz mische ich Schmand und Quark. Lassen Sie den Dip vor dem Servieren mindestens 15 Minuten im Kühlschrank ziehen, damit das Aroma sich verteilen kann.

HOT PAPRIKA
50 g Schmand, 100 g Quark, 1 TL Rauchpaprikapulver, 2 Prisen Chiliflocken, 1 TL Zwiebelpulver und ½ TL Salz

DILL & ZWIEBEL
50 g Schmand, 100 g Quark, 1 TL getrockneter Dill, 1 TL Zwiebelpulver und ½ TL Salz

TACO
50 g Schmand, 100 g Quark, 1 TL Rauchpaprikapulver, ½ TL Kreuzkümmel, ½ TL Zwiebelpulver und ½ TL Salz

SOUR CREAM & ONION
50 g Schmand, 100 g Quark, 1 TL getrocknete Petersilie, 1 TL Zwiebelpulver, 1 EL Zitronensaft und ½ TL Salz

CURRY
50 g Schmand, 100 g Quark, 1 TL Currypulver, ½ TL Garam Masala, ½ TL Zwiebelpulver und ½ TL Salz

SANDDORN-TROCADERO

Trocadero ist der Handelsname für ein schwedisches Apfel-Orangen-Getränk mit Koffein, das in den 1950er-Jahren auf den Markt kam. Wenn ich beim Kochen Sanddorn verwende und den Duft der gelben Beeren in der Nase habe, denke ich immer an *Trocadero*. Vielleicht ist eine der Geheimzutaten in *Trocadero* tatsächlich Sanddorn?

Die Beeren duften fantastisch nach exotischen Früchten und haben ein Aroma, das sich schwer ersetzen oder auch nur beschreiben lässt. Einige sagen, er sei Skandinaviens Antwort auf die Passionsfrucht, und tatsächlich ähneln die Früchte sich in Geschmack und Farbe.

Damit der Drink frisch-säuerlich wird, werden die Beeren zusammen mit Apfelsaft und Zitronensäure gekocht.

Etwa 400 ml
**130 g plus 50 g Raffinadezucker
200 ml klarer Apfelsaft
200 ml Wasser
½ Handvoll Sanddorn
1 TL Zitronensäure**

In einem Topf 130 g Zucker erhitzen, bis er goldbraun ist. Dann den Topf vom Herd nehmen.

Apfelsaft und Wasser hinzufügen. Vorsicht vor Spritzern! Der Zucker wird hart und legt sich wie eine Platte auf den Topfboden. Mit einer Gabel oder einem Löffel vorsichtig anheben, damit er sich in der Flüssigkeit auflöst. Den restlichen Zucker, Sanddorn und Zitronensäure hinzufügen. Ohne Deckel etwa 15 Minuten sanft einkochen.

Durch ein Seihtuch gießen und in gründlich gereinigte Flaschen füllen. Abkühlen lassen und im Kühlschrank aufbewahren.

PREISELBEER-ANIS-SIRUP

Für diesen Sirup habe ich Palmzucker verwendet, der nicht so süß ist wie Rohr- oder Rübenzucker. Das fertige Soda erhält einen trockenen Charakter und durch den Sternanis eine kräftige Lakriznote.

Etwa 400 ml
**225 g frische Preiselbeeren
130 g Palmzucker
1 Sternanis
1 Prise getrockneter Thymian
400 ml Wasser**

Alle Zutaten in einem Topf mischen und aufkochen. Etwa 30 Minuten sanft einkochen.

Durch ein feines Sieb passieren und in gereinigte Gläser oder Flaschen füllen. Abkühlen lassen und im Kühlschrank aufbewahren.

INFUS – Aufguss mit Kohlensäure

Das Wort Aufguss klingt vielleicht nach Sauna, aber lassen Sie sich dadurch nicht beirren. Ein Aufguss bzw. ein Infus ist ein Tee ohne echte Teeblätter, also mit Kräutern und Wurzeln, die mit heißem Wasser übergossen und nach der Ziehzeit wieder gefiltert werden – der Kräutertee. Aufgüsse werden seit jeher als Heil- oder Beruhigungsmittel eingesetzt. In Frankreich trinkt man eine *infusion de verveine* (Zitronenverbenentee) nach dem Essen für eine gute Verdauung und erholsamen Schlaf.

In den letzten Jahren wurden Infuse in schicken Clubs sogar als Alternative zu Wein und Bier serviert. Man verwendet Kräuter, Wurzeln und Blätter der Saison und findet Aromen, die bestens zueinander passen.

Der konzentrierte Aufguss kann dann mit kohlensäurehaltigem oder stillem Wasser und Eis gemischt werden. Ich mische ihn am liebsten mit frisch gepresstem Saft, denn dadurch wird dieser noch frischer. Aufgüsse, die nicht gesüßt sind, kann man hervorragend zum Essen servieren, da der Kräutergeschmack meist sehr gut zu herzhaften Gerichten passt. Stellen Sie sich vor: ein Fischfilet oder Entrecôte, das mit Butter und Kräutern gebraten wurde, vielleicht mit einem Hauch Knoblauch, und dann ein Glas kalter Sprudel mit dem Geschmack von Thymian, Rosmarin und dem mildem Aroma von Zitrusfrüchten dazu – unglaublich lecker!

Hier gilt es, sein eigenes Lieblingsrezept zu entwickeln. Pflücken Sie, was Sie im Garten, auf dem Hof, im Balkonkasten oder im Wald finden. Blüten, Blätter, Kräuter, Wurzeln, Zitrusfrüchte – alles, was Sie auch sonst in der Küche verwenden würden, kann man zu leckeren und erfrischenden Getränken verarbeiten.

GRUNDREZEPT

400 ml Wasser aufkochen lassen, dann vom Herd nehmen und 1 Minute stehen lassen. Das heiße Wasser über eine der folgenden Kräutermischungen geben oder wahlweise über andere Kräuter und Geschmacksträger. Ziehen lassen, bis das Wasser vollständig abgekühlt ist. Etwa 100 ml frisch gepressten Zitronen- oder Limettensaft hinzufügen. Durch ein feines Sieb gießen und kalt aufbewahren.

{ Mischen Sie ungefähr 50 ml Infus mit 200 ml kohlensäurehaltigem Wasser. }

KRÄUTER & ZITRONE

Infus aus Salbei, Rosmarin und Thymian mit einer frischen Zitrusnote.

400 ml Wasser
20 g frische Thymianblätter
20 g frische Rosmarinnadeln
20 g frische Salbeiblätter
abgeriebene Schale von
   1 Bio-Zitrone

INGWER, LÖWENZAHN & MINZE

In Großbritannien und den USA gibt es schon länger Getränke mit Löwenzahn, etwa Dandelion & Burdock *von Fentimans. Der Geschmack von Löwenzahn ist blumig-kräuterig. In Kombination mit Ingwer und Minze verleiht Löwenzahn diesem Getränk eine schöne Frische. Genießen Sie es mit Eis und einer Zitronenscheibe.*

400 ml Wasser
100 g fein geriebener Ingwer
10 Löwenzahnblüten
20 g frische Minzeblätter
Mark von ½ Vanilleschote

BLÜTEN, THYMIAN & GURKE

Ein blumiger Aufguss aus Lavendel, Rosenknospen und Thymian.

400 ml Wasser
1 Handvoll getrockneter Lavendel
1 EL getrocknete Rosenknospen
20 g frische Thymianblätter
abgeriebene Schale von
   1 Bio-Limette
150 g Gurkenscheiben

ZITRUSFRÜCHTE & INGWER

Die Schale der Zitrusfrüchte mit einem Sparschäler oder Zestenreißer entfernen. Möglichst keine weiße Schale verwenden, die bitter schmecken kann. Mag man es jedoch bitter, dann kann man die weiße Schale natürlich mit verwenden.

400 ml Wasser
Schale von 2 Bio-Orangen
Schale von 2 weißen
   Bio-Grapefruits
Schale von 1 Bio-Zitrone
1 EL gemahlene
   Pomeranzenschale
100 g fein geriebener Ingwer

KAPITEL 2

LIMONADEN *und* EISTEES

An einem heißen Sommertag geht doch nichts über richtig eiskalte Limonade oder einen Eistee. Man könnte annehmen, es gäbe gar nicht so viele Limonadenvarianten, tatsächlich aber gibt es unendlich viele – beinahe unnötig viele.

Die Basis besteht aus Zitrusfrüchten, Wasser und Zucker oder einem anderen Süßungsmittel wie Honig oder Sirup. Im Unterschied zu Soda enthält klassische lemonade *keine Kohlensäure, sondern erinnert vielmehr an einen frischen Saft aus Zitrusfrüchten. Natürlich kann man sie einfach anstatt mit stillem mit kohlensäurehaltigem Wasser aufgießen. Meist wird sie kalt angerührt und ist deutlich saurer als ein Fruchtsaft oder -nektar. In der Limonadenfamilie findet man auch das erfrischende mexikanische Getränk Agua Fresca – hergestellt aus frischen Früchten und einem Spritzer Zitrus. Das ist Sommer pur im Glas!*

Selbst gemachte Limonaden sind immer der Hit. Alle Gäste staunen, dass man sie SELBST gemacht hat, und das eiskalte Getränk ist im Handumdrehen weg. Viele halten die Limonadenzubereitung für zu kompliziert, aber eigentlich ist es das Einfachste der Welt. Wie schwierig kann es denn sein, Zitronen auszupressen und mit Zucker und Wasser zu mischen? Überhaupt nicht.

Man könnte sogar so weit gehen zu sagen, dass ein Leben ohne Limonade viel, viel langweiliger ist als ein Leben mit Limonade. „Wenn das Leben Dir Zitronen gibt, mach' Limonade draus" – ja, Limonade hebt ganz einfach die Stimmung.

JOHANNISBEER-LIMONADE

Rote Johannisbeeren, Himbeeren, Brombeeren, Heidelbeeren, Erdbeeren … Für diese Limonade lassen sich eigentlich alle verwenden. Wenn man die Beeren zerdrückt, anstatt sie zu pürieren, sind immer noch ganze Beeren übrig, die der Limonade einen erfrischenden Geschmack und eine angenehme Konsistenz aus Kernen und Fruchtfleisch verleihen.

Etwa 1 l
130 g Raffinadezucker
100 ml plus 900 ml Wasser
150 g rote Johannisbeeren
200 ml frisch gepresster
 Zitronensaft

In einem Topf den Zucker mit 100 ml Wasser erhitzen und rühren, bis der Zucker sich aufgelöst hat. Abkühlen lassen.

Eine große Kanne zur Hälfte mit zerstoßenem Eis füllen. Johannisbeeren, Läuterzucker und Zitronensaft darübergießen. Die Früchte mit einem Holzlöffel oder Stößel zerdrücken. Mit dem übrigen Wasser aufgießen und sofort servieren.

CLASSIC LEMONADE

Eine Limonade kann entweder gekocht oder kalt gerührt werden. An einem heißen Sommertag, wenn man schnell eine Erfrischung braucht, geht die klassische Variante schneller. Sie wird kalt zubereitet und erhält durch den frisch gepressten Zitronensaft, den Zucker und das Eis eine angenehme Frische. Die Geschmacksintensität kann man mit mehr oder weniger Wasser variieren.

Etwa 1½ l
100 g Raffinadezucker
250 ml frisch gepresster
 Zitronensaft
Eiswürfel
1 l Wasser

In einer großen Kanne Zucker und Zitronensaft verrühren. 10 Minuten ziehen lassen und mehrmals umrühren, bis der Zucker sich aufgelöst hat.

Die Kanne mit Eis befüllen und mit Wasser aufgießen. Bei Bedarf umrühren. Ggf. etwas mehr Wasser zugeben und abschmecken. Einige mögen die Limonade eher süß-säuerlich intensiv, während andere sie lieber schwächer, kalt und erfrischend mögen.

BARLEY WATER

Gerstenwasser ist ein englischer Klassiker, aber die Zubereitung von Getränken aus Getreide ist keine speziell britische Eigenart. Bereits die alten Griechen bereiteten ein frisches Getränk aus Gerste zu. In Mexiko gibt es Horchata de Arroz, die aus Reiskörnern gemacht wird, in Schottland Atholl Brose aus Hafer, Sahne, Honig und Whisky, Mugicha aus gerösteter Gerste ist in Asien populär und in Großbritannien gibt es eben Barley Water.

Etwa 2½ l
80 g Perlgraupen
150 ml plus 1½ l Wasser
150 g Raffinadezucker
200 ml frisch gepresster
 Zitronensaft
fein abgeriebene Schale
 von 2 Bio-Zitronen

Die Graupen in 150 ml Wasser etwa 30 Minuten lang kochen. Durch ein feines Sieb abgießen, die Flüssigkeit auffangen (Graupen wegwerfen) und abkühlen lassen. Den Zucker in 1½ l Wasser aufkochen. Vom Herd nehmen und die Zitronenschale hineingeben. Abkühlen lassen.

Die Zitronenflüssigkeit durch ein feines Sieb gießen, mit dem Zitronensaft und der Graupenflüssigkeit mischen. Eiskalt servieren.

GURKENLIMONADE

Eine Limonade mit Gurkenge-schmack, die wunderbar erfrischt und den Durst löscht.

Etwa 1½ l
300 g Salatgurke
½ Bund Minze
½ Bund Zitronenmelisse
100 ml frisch gepresster
  Zitronensaft
150 ml flüssiger Honig
600 ml plus 600 ml Wasser

Die Gurke schälen und groß in Stücke schneiden. Die Kräuter waschen, trocken schütteln und die Blättchen abzupfen.

In einem Mixer Zitronensaft, Gurke, Honig, Minze, Zitronenmelisse und 600 ml Wasser fein pürieren, bis das Ganze richtig schön grün ist. Durch ein Sieb passieren.

Weitere 600 ml Wasser zugießen und evtl. mit mehr Zitronensaft und Honig abschmecken. Auf Eis servieren. (Siehe Foto auf der vorherigen Doppelseite.)

HIMBEER-CHIA-LIMONADE

Durch die Zugabe von Chiasamen wird das Getränk mit Omega-3-Fettsäuren, Proteinen, Vitaminen und Mineralien angereichert. Diese Limonade eignet sich gut, wenn man an heißen Tagen zusätzliche Energie benötigt.

Etwa 1½ l
1 l Wasser
100 g Rohrohrucker
200 g Himbeeren
30 g Chiasamen
250 ml frisch gepresster
  Limettensaft

Mit einem Stabmixer oder im Standmixer Wasser, Zucker und Himbeeren fein pürieren. Durch ein Sieb in eine große Kanne passieren, um die Himbeerkörnchen zu entfernen.

Chiasamen und Limettensaft einrühren. Etwa 10 Minuten stehen lassen, sodass die Chiasamen quellen können. Dann umrühren und evtl. mit weiterem Zucker oder Limettensaft abschmecken. Auf Eis servieren.

GRAPEFRUIT-LIMONADE

Etwa 1 l
abgeriebene Schale von
  2 Bio-Grapefruits
½ TL Zitronensäure
100 g Raffinadezucker
300 ml plus 400 ml Wasser
400 ml frisch gepresster Grape-fruitsaft (weiß oder rosa)
50 ml frisch gepresster
  Zitronensaft
1 Handvoll Zitronen-melissenblätter

Grapefruitschale, Zitronensäure, Zucker und 300 ml Wasser in einem Topf verrühren.

Aufkochen und dann vom Herd nehmen. Weitere 400 ml Wasser zugießen und vollständig abkühlen lassen.

Durch ein feines Sieb gießen und Grapefruit- und Zitronensaft hinzufügen. In einer Kanne mit Zitronenmelisse vermischen und auf Eis servieren.

SALTY LEMONADE

An vielen Orten der Welt wird salzige Limonade serviert. Sie passt perfekt in wärmere Länder, wo man nach einem heißen Tag in der Sonne einen erhöhten Salzbedarf hat.

Etwa 1 l
100 ml frisch gepresster Zitronensaft
100 ml frisch gepresster weißer Grapefruitsaft
100 ml frisch gepresster Limettensaft
135 g Raffinadezucker
½ TL Salz
Raffinadezucker und Salz für die Gläser
1 Limettenspalte
1 l Wasser

Die Zitrussäfte mit Zucker und Salz verrühren. Etwa 15 Minuten stehen lassen und von Zeit zu Zeit umrühren, damit der Zucker sich auflöst.

Auf einem flachen kleinen Teller Zucker und Salz zu gleichen Teilen vermischen. Die Ränder der Gläser mit einer Limettenspalte befeuchten und anschließend in die Zuckermischung tauchen.

Eis in die Gläser füllen. Den Zitrussaft mit Wasser aufgießen und in die Gläser gießen.

NUTS FOR NUTS

Süß-salzige Nüsse mit würziger Note.

6–8 Portionen
400 g Nüsse, z.B. Mandeln, Haselnüsse oder Cashewkerne
3 EL flüssiger Honig
1 TL Salzflocken
1 TL gemahlener Koriander
½ TL gemahlener Kreuzkümmel
1 TL Ancho-Chilipulver, Pimentón oder Chipotle-Chilipulver

Den Ofen auf 175 °C vorheizen. Alle Zutaten auf einem mit Backpapier ausgelegten Blech vermengen und etwas verteilen.

Auf der mittleren Schiene etwa 15 Minuten rösten, bis es nach Nüssen duftet und der Honig um die Nüsse karamellisiert.

Auf ein frisches Blatt Backpapier schütten und vollständig abkühlen lassen. Dann die Nüsse in Papiertüten oder Schüsselchen füllen und servieren.

TIPP!
Sollen die Nüsse salzig, aber nicht süß sein, ersetzen Sie den Honig durch 1 Eiweiß.

MARGARITA-LIMONADE
Den Rand eines Glases salzen. Einen Shaker mit Eis füllen. 150 ml Salty Lemonade, 2 EL Rum und 1 EL Cointreau hinzufügen. Schütteln und in das Glas füllen.

LAGERITA
Den Rand eines Glases salzen. Einen Shaker mit Eis füllen. 100 ml Salty Lemonade und 2 EL Tequila hineingeben. Schütteln und in das Glas gießen. Mit 50 ml Lagerbier auffüllen.

RHABARBER-BASILIKUM-LIMONADE

Der säuerlich-frische Rhabarber macht sich gut in Kombination mit dem würzigen Basilikum. Man kann statt Basilikum aber auch Minze, Thymian, Rosmarin oder Zitronenmelisse verwenden.

Etwa 1 l
200 g Rhabarber
100 g Raffinadezucker
600 ml plus 500 ml Wasser
50 ml frisch gepresster
   Limettensaft
fein geriebene Schale von
   2 Bio-Limetten
100 ml frisch gepresster
   Zitronensaft
Basilikumblätter

Den Rhabarber putzen und in Stücke schneiden. Rhabarber, Zucker und 600 ml Wasser etwa 5 Minuten einkochen. Dann vom Herd nehmen und mit Limettensaft und -schale sowie weiteren 500 ml Wasser vermischen. Abkühlen lassen.

Durch ein feines Sieb gießen und mit dem Zitronensaft verrühren. In Gläsern mit Eis und ein paar Basilikumblättern servieren.

HOLUNDER-ERDBEER-LIMONADE

Etwa 1½ l
100 ml Holundersaft
1 l Wasser
150 ml frisch gepresster
   Limettensaft
300 g frische Erdbeeren
frische Minze zum Garnieren

Holundersaft, Wasser, Limettensaft und die Hälfte der Erdbeeren mit einem Stabmixer pürieren.

Durch ein feines Sieb passieren. Die übrigen Erdbeeren in Scheiben schneiden und mit Eis und der pürierten Flüssigkeit in einer Kanne mischen. Mit Minze garniert servieren.

KÖNIGINNEN-LIMONADE

Etwa 1 l
100 g Himbeeren
100 g Heidelbeeren
100 g Rohrohrzucker
150 ml frisch gepresster
   Limettensaft
1 l Wasser

Die Hälfte der Beeren mit dem Zucker in einem Topf erhitzen. Rühren, bis der Zucker geschmolzen ist, dann vom Herd nehmen und abkühlen lassen.

Das Ganze mit Limettensaft und Wasser mischen und durch ein feines Sieb passieren.

Die restlichen Beeren zugeben und umrühren. Auf Eis servieren.

AGUA FRESCA

*Wörtlich: kühles Wasser. Die Me-
xikaner wissen, wie man sonnen-
gereifte Früchte verarbeitet und in
erfrischende Getränke verwandelt.
Am Straßenrand, an den Strän-
den, auf Plätzen und in Cafés
bekommt man große Gläser und
Kannen mit farbenfrohen Drinks.
Man fühlt sich beinahe wie in
einem Süßwarenladen, wenn man
zwischen rosafarbener Wassermelone, orangefarbener Apfelsine,
hellgelber Zitrone, lila Hibiskus,
gelber Ananas und roter Erdbee-
re wählen soll. Alles was man
braucht, sind vollreife Früchte
und etwas Wasser. Oft beinhalten
die Getränke noch Getreide,
Blüten oder Saaten. Mangelt es
an Fruchtaroma, müssen Sie
der Sache mit etwas Zucker und
frisch gepresstem Zitronensaft
nachhelfen.*

AGUA DE PIÑA

Etwa 1 l
800 g frische Ananasstücke
50 ml frisch gepresster
   Zitronensaft
2 EL Raffinadezucker
600 ml Wasser

Alle Zutaten in einem Mixer zu
einem glatten Saft pürieren.
   Durch ein feines Sieb passieren.
Abschmecken und ggf. mehr Zitro-
nensaft oder Zucker hinzufügen.
Auf Eis servieren.

AGUA DE SANDÍA

*Lecker! Eiskalte Wassermelone mit
einem Spritzer Limette.*

Etwa 1 l
1 kg Wassermelonenfruchtfleisch
   ohne Kerne
50 g Raffinadezucker
100 ml frisch gepresster
   Limettensaft

Alle Zutaten in einem Mixer zu
einem glatten Saft pürieren.
   Durch ein feines Sieb passieren
und mit Eis servieren.

AGUA DE TAMARINDO

*Der Geschmack von Datteln und
getrockneten Früchten mit einer
deutlich wahrnehmbaren Säure –
das ist Tamarinde. Die braune Sa-
menkapsel mit von Fruchtfleisch
umhüllten Kernen darin finden
Sie in indischen oder asiatischen
Lebensmittelgeschäften sowie
mittlerweile auch in gut sortierten
Supermärkten. Die süße Frucht
mit der herrlich ausgewogenen
Säure ist eine perfekte Zutat für
erfrischende Getränke.*

Etwa 1 l
1 l Wasser
150 g Tamarinden
100 g Raffinadezucker
2 EL frisch gepresster
   Limettensaft

Wasser und Tamarinden in einem
großen Topf aufkochen und etwa
30 Minuten sanft einkochen lassen,
bis sich das Fruchtfleisch von den
Kernen löst. Durch ein feines Sieb
passieren. Noch warm mit Zucker
und Limettensaft mischen. Abkühlen lassen, dann auf Eis servieren.

CANTALOUPE AGUA FRESCA

*Für dieses Getränk brauchen Sie
eine vollreife Cantaloupe-Melone.
Riechen Sie an der Melone – duftet
sie reif und fruchtig und fühlt sich
leicht weich und saftig an, muss
man sie nur noch zu einem Glas
erfrischendem Melonenwasser
verarbeiten.*

Etwa 1 l
1 Cantaloupe-Melone,
   geschält, entkernt und
   in Stücke geschnitten
50 ml frisch gepresster
   Limettensaft
2–3 EL Raffinadezucker
500 ml Wasser

Die Melone schälen, entkernen und
in Stücke schneiden. Fruchtfleisch
mit Limettensaft, Zucker und Wasser im Mixer fein pürieren. Durch
ein feines Sieb in eine große Kanne
gießen. Auf Eis servieren.

AGUA DE MANGO

*Hierzu brauchen Sie vollreife
Mangos. Mangos aus Thailand
oder Pakistan mit gelber Schale
haben das beste Aroma und das
weichste Fruchtfleisch.*

Etwa 1 l
400 g Mangofruchtfleisch
3 EL Raffinadezucker
50 ml frisch gepresster
   Limettensaft
600 ml eiskaltes Wasser

Alle Zutaten in einem Mixer zu einem glatten Saft pürieren. Durch
ein feines Sieb passieren.
   Mit Limettensaft und Zucker
abschmecken.

KNUSPRIGE TORTILLA-CHIPS

Zwei Dinge sind Pflicht, wenn man diese Mais-Chips selbst zubereiten möchte. 1. Man braucht eine Tortillapresse, damit sie richtig schön dünn werden. 2. Damit sie gelingen, muss man lateinamerikanisches Maismehl verwenden, z. B. P.A.N. oder Maseca. Beide Sorten kann man übers Internet kaufen.

Etwa 4–6 Portionen
300 ml warmes Wasser
150 g Maismehl, P.A.N.
   oder Maseca
1 Prise Salz
1½ l geschmacksneutrales
   Öl, z. B. Rapsöl
Salzflocken

Das Wasser aufkochen und in eine hitzebeständige Schüssel gießen. Das Maismehl einrühren. Salz hinzufügen und zu einem geschmeidigen Teig verarbeiten.

Den Teig in 15 Portionen teilen und diese zu kleinen Kugeln rollen. In einer Tortillapresse zwischen 2 Lagen Frischhaltefolie pressen. Eine Pfanne ohne Fett erhitzen und die Tortillas darin etwa 1 Minute von jeder Seite braten. Sie sollten Blasen werfen und eine goldbraune Farbe haben. Achten Sie darauf, dass die Pfanne nicht zu heiß ist, sonst brennen die Tortillas an.

In einer Fritteuse oder einem großen Topf das Öl auf 170 °C erhitzen.

Die Tortillas in nicht zu kleine Stücke schneiden und etwa 1 Minute kross ausbacken. Auf Küchenpapier abtropfen lassen und noch warm mit Salzflocken bestreuen.

SALSA FRESCA

4–6 Portionen
4 Tomaten
1 roter Chili
1 Bund Koriander
2 EL frisch gepresster
   Limettensaft
Salz

Die Tomaten fein hacken, den Chili entkernen und ebenfalls fein hacken. Korianderblätter abzupfen und hacken. Alles mit Limettensaft vermengen und mit Salz abschmecken.

GUACAMOLE

4–6 Portionen
2 vollreife Avocados
1 Knoblauchzehe
1 Jalapeño-Chili,
1 Bund Koriander
1 EL frisch gepresster
   Limettensaft
Salz

Die Avocados schälen und entkernen. Das Fruchtfleisch der Avocados mit einer Gabel zerdrücken oder mit dem Stabmixer pürieren. Den Knoblauch zerdrücken, die Jalapeño-Chili entkernen und fein hacken. Die Korianderblätter abzupfen und fein hacken. Alle Zutaten gründlich verrühren, dann mit Limettensaft und Salz abschmecken.

SALSA AMARILL0 (GELBE SALSA)

4–6 Portionen
3 mittelgroße gelbe Tomaten
1 Knoblauchzehe
2 gelbe Habanero-Chilis
1 EL frisch gepresster
   Limettensaft
Salz

Die Tomaten in Spalten schneiden und entkernen, den Knoblauch zerdrücken und die Chilis entkernen und hacken. Alle Zutaten mit einem Stabmixer pürieren. Mit Limettensaft und Salz abschmecken.

SALSA ROJA (ROTE SALSA)

4–6 Portionen
3 mittelgroße rote Tomaten
1 Knoblauchzehe
2 rote Chilis
1 EL frisch gepresster
   Limettensaft
Salz

Die Tomaten in Spalten schneiden und entkernen, den Knoblauch zerdrücken und die Chilis entkernen und hacken. Alle Zutaten mit einem Stabmixer pürieren. Mit Limettensaft und Salz abschmecken.

SALSA VERDE (GRÜNE SALSA)

4–6 Portionen
3 mittelgroße gelbe
   oder grüne Tomaten
1 Knoblauchzehe
1 Bund Koriander
1 EL frisch gepresster
   Limettensaft
Salz

Die Tomaten in Spalten schneiden und entkernen, den Knoblauch zerdrücken und die Korianderblätter abzupfen und fein hacken. Alle Zutaten mit einem Stabmixer pürieren. Mit Limettensaft und Salz abschmecken.

GRUNDREZEPT FÜR EISTEE

Im Sommer habe ich eigentlich immer eine Kanne Eistee im Kühlschrank. Ein perfekter Durstlöscher, den man außerdem unendlich variieren kann. Schmecken Sie ihn mit verschiedenen Teesorten, Früchten, Beeren und Gewürzen ab.

Etwa 1 l
500 ml plus 500 ml Wasser
2 EL lose schwarze oder
  grüne Teeblätter
80 g Rohrohrzucker
50 ml frisch gepresster
  Zitronensaft
Zitronenscheiben zum Servieren

In einem Topf 500 ml Wasser aufkochen, vom Herd nehmen. Die Teeblätter darin etwa 5 Minuten ziehen lassen. Den Tee abseihen und den Zucker darin auflösen. Abkühlen lassen.

Das restliche Wasser und den Zitronensaft zugießen und in den Kühlschrank stellen. Mit Eis und Zitronenscheiben servieren.

JASMIN-PFIRSICH-EISTEE

Jasmintee und Pfirsich, das ist Eistee deluxe. Damit das Getränk perfekt gelingt, sollte man am besten grünen Sencha mit Jasminblüten verwenden. Das mild-blumige Aroma von Jasmin und die Fruchtnote von reifen Pfirsichen machen diese Variante zu einem meiner Favoriten auf Eis.

Etwa 1 l
2 vollreife Pfirsiche
500 ml plus 500 ml Wasser
2 EL grüner Sencha
  mit Jasminblüten
50 g Rohrohrzucker
50 ml frisch gepresster
  Zitronensaft

Die Haut der Pfirsiche abziehen und das Fruchtfleisch in kleine Stücke schneiden. Die Hälfte davon mit einem Stabmixer fein pürieren, dann durch ein feines Sieb passieren.

In einem Topf 500 ml Wasser aufkochen, vom Herd nehmen. Die Teeblätter darin etwa 5 Minuten ziehen lassen. Den Tee abseihen und mit Zucker und Pfirsichpüree mischen. Rühren, bis der Zucker sich aufgelöst hat, dann die übrigen 500 ml Wasser zugießen.

Vollständig abkühlen lassen. Mit Zitronensaft und den restlichen Pfirsichstücken mischen und kalt stellen. Mit Eis und einer Scheibe Zitrone servieren.

CHAI-EISTEE

Etwa 1 l
1 EL Kardamom
500 ml Wasser
70 g flüssiger Honig
40 g Rohrohrzucker
2 Zimtstangen
1 EL loser schwarzer Tee, am
  besten English Breakfast oder
  aromatisiert mit Zimt oder
  Kardamom
500 ml Vollmilch

Den Kardamom im Mörser grob zerstoßen. Das Wasser mit Honig, Zucker, Kardamom und Zimt aufkochen. Dann vom Herd nehmen und den Tee hinzufügen. Nach 5 Minuten abseihen und vollständig abkühlen lassen. Die Milch zugießen und auf Eis servieren.

EISTEE MIT MINZE

Etwa 1 l
1 Bund Minze, gehackt
500 ml plus 500 ml Wasser
2 EL loser grüner Tee
50 g Rohrohrzucker
50 ml frisch gepresster
  Limettensaft

Die Minzeblättchen abzupfen und hacken. In einem Topf 500 ml Wasser aufkochen, vom Herd nehmen, dann Tee und Zucker hinzufügen. Nach 5 Minuten abseihen und vollständig abkühlen lassen.

Weitere 500 ml Wasser angießen, die Minze hinzufügen und mit einem Stabmixer pürieren. Noch einmal abseihen. Den Limettensaft hinzufügen und auf Eis servieren.

PINK LEMONADE

Eine hellrosa Limonade mit Granatapfelgeschmack. Dabei kann man die Zitrusfrüchte variieren und statt Zitrone z. B. Limette nehmen oder die halbe Menge Zitronensaft durch Grapefruitsaft ersetzen.

Etwa 1 l
1 Granatapfel
140 g Raffinadezucker
250 ml frisch gepresster Zitronensaft
1,2 l Wasser

Den Granatapfel entkernen und die Kerne mit Zucker und Zitronensaft in einer Schüssel vermengen. Etwas ziehen lassen, dann im Mixer pürieren. Die Masse durch ein Sieb passieren und in eine große Kanne umfüllen.

Die Kanne mit Eis füllen und mit dem Wasser aufgießen (siehe Bild auf Seite 70).

ROSENLIMONADE

Zitronenlimonade mit dem milden Aroma von Rosen. Rosenwasser bekommt man in gut sortierten Supermärkten, in der Apotheke oder in türkischen Lebensmittelgeschäften.

Etwa 1 l
150 ml frisch gepresster Zitronensaft
90 g Raffinadezucker
1 kleine Rote Bete
2 EL Rosenwasser
1 l Wasser

In einer Schüssel Zitronensaft und Zucker verrühren. Die Rote Bete schälen, grob reiben und mit der Zitronen-Zucker-Mischung vermengen. Etwa 30 Minuten ziehen lassen, bis der Zucker sich aufgelöst hat und die Flüssigkeit dunkelrot wird. Rosenwasser und Wasser zugießen.

Durch ein feines Sieb in eine Kanne gießen und auf Eis servieren (siehe Bild auf Seite 71).

GEMÜSECHIPS

Verwenden Sie einfach das Wurzelgemüse, auf das Sie Lust haben. Karotten und Beten gibt es in verschiedenen Farben und Varianten, die frittiert hübsch aussehen. Eine Schale voll frittiertem, gesalzenem Wurzelgemüse ist ein toller Snack und durch das Erhitzen kommen die Aromen optimal zur Geltung.

500 g Wurzelgemüse, z.B. Rote Bete, Mairübchen, Karotten, Pastinaken, Süßkartoffeln
1–1½ l geschmacksneutrales Öl, z.B. Rapsöl
Salzflocken

Das Wurzelgemüse waschen und gründlich abtrocknen. Auf einer Mandoline oder mithilfe der Küchenmaschine hobeln.

In einer Fritteuse oder einem großen Topf das Öl auf 150 °C erhitzen. Das Wurzelgemüse in mehreren Portionen frittieren. Beginnen Sie mit dem Gemüse mit der am wenigsten intensiven Farbe und frittieren Sie erst zum Schluss Rote Beten, die das Öl verfärben.

Das Gemüse goldbraun und knusprig frittieren. Auf Küchenpapier abtropfen lassen. Salzen, solange es noch warm ist.

Abkühlen lassen und in luftdichten Dosen oder Tüten aufbewahren. Die Chips halten sich bis zu 2 Wochen.

CHEESY KOHLCHIPS

Wahrscheinlich einer der gesündesten Snacks. Grünkohl verbindet man meist mit Eintopfgerichten, doch die grünen, knackigen Blätter lassen sich sehr vielseitig verwenden. In den USA taucht Grünkohl plötzlich in Gourmetrestaurants auf, er wird zu Chips und Guacamole (bzw. kaleamole) verarbeitet. Doch auch wenn der Hype einmal abklingen sollte, wird es diese Chips als Snack garantiert noch geben. Kross, mit Käsearoma, rauchig und salzig – viel zu lecker, um sie zu vergessen.

400 g Grün- oder Schwarzkohl
120 g Cashewkerne
3 EL japanische Sojasauce
2 EL Wasser
2 EL Olivenöl
1½ TL spanisches Rauchpaprikapulver (Pimentón)
40 g fein geriebener Parmesan
½ Knoblauchzehe

Den Ofen auf 100 °C (Umluft) vorheizen. Den Kohl waschen und putzen. Dann auf einem sauberen Küchenhandtuch gründlich trocknen lassen und anschließend die Blätter in große Stücke schneiden. Cashewkerne, Sojasauce, Wasser, Öl, Paprikapulver, Parmesan und Knoblauch mit einem Stabmixer oder in der Küchenmaschine pürieren.

In einer großen Schüssel den Kohl mit dem Püree vermengen, dabei darauf achten, dass die Kohlstücke rundum von der Masse bedeckt sind. Auf zwei mit Backpapier ausgelegte Backbleche verteilen. Die Bleche im Ofen etwa 4 Stunden trocknen. Nach 30 Minuten die Temperatur auf 70 °C absenken. Während der ersten Stunde die Ofentür einige Male öffnen, damit der Dampf entweichen kann. Nach der Hälfte der Zeit die Position der Bleche tauschen. Anschließend den Ofen ausschalten und die Chips im Ofen abkühlen lassen.

In einer luftdichten Tüte oder Dose aufbewahren. Die Chips halten sich bis zu 2 Wochen.

WARMER ARTISCHOCKEN-DIP

Dieser Dip ist sehr cheesy. Warmer, geschmolzener, cremiger Käse mit Artischocken und Zitrone. Immer ein Erfolg – zu Chips oder geröstetem Baguette.

6-8 Portionen
1 Dose Artischockenherzen (240 g Abtropfgewicht)
½ EL Zitronensaft
1 TL fein geriebene Bio-Zitronenschale
125 g Gouda oder anderer Käse, der gut schmilzt
125 g Mozzarella, grob gerieben
50 g Parmesan, fein gerieben
½ EL frische Thymianblättchen
100 g Mayonnaise
2 Eigelb
½ TL Salzflocken
½ Prise schwarzer Pfeffer

Den Ofen auf 250 °C vorheizen. Die abgetropften Artischockenherzen hacken, dann noch mehr Flüssigkeit ausdrücken.

Alle Käsesorten reiben und den Thymian fein hacken.

Zitronenschale, -saft, Käse, Mayonnaise, Eigelb und Thymian verrühren, dann die Artischocken unterrühren. Mit Salz und Pfeffer abschmecken. In zwei runde, feuerfeste Formen (15 cm Ø) füllen.

Auf mittlerer Schiene etwa 20 Minuten überbacken. Den Dip vor dem Servieren etwa 5 Minuten ruhen lassen, aber heiß servieren.

HALB UND HALB
~ gemixte Klassiker

BITTER SHANDY

Die Geschichte englischer Pubs wird begleitet von vielen interessanten Getränketraditionen. Eine davon ist Shandy. Bestellt man einen Shandy, erhält man ein Getränk halb Bitter oder Ale und halb kohlensäurehaltige Limonade (etwa so wie Sprite oder Fruchtsoda). Ein alkoholfreier Shandy wird auch Rock Shandy genannt. Es gibt viele verschiedene Varianten dieses Drinks, und früher gab es in jedem Pub eine andere – je nachdem, welches Bier vom Fass kam und welche Art von Limonade da war. Heutzutage wird dieses Getränk meist fertig gemischt in Flaschen verkauft und ist fast überall in Großbritannien verbreitet. Auch in anderen Ländern kann man es hin und wieder bekommen (siehe British-Lemonade-Sirup, Seite 25).

COLA-MIX MIT ORANGE

Der Klassiker für Limo-Fans: halb Coca-Cola und halb Fanta Orange. Einfach lecker! (Siehe Cola, Seite 40, und Fizzy Orangensoda, Seite 82.)

ARNOLD PALMER

Als Fan von Eistee und Limonade sollte man dieses Getränk unbedingt probieren. Die beiden Getränke zu gleichen Teilen in ein großes, mit Eis gefülltes Glas geben, und schon hat man einen Arnold Palmer. Angeblich kommt die Bezeichnung vom gleichnamigen amerikanischen Golfer, der sich in den 1960er-Jahren mit diesem Drink Erfrischung verschaffte (siehe Eistee, Seite 68, und Classic Lemonade, Seite 53).

CLARA DE LIMÓN

Spaniens Antwort auf den Shandy oder das deutsche Radler ist Clara de Limón (oder con Limón). Bestellt man an einem heißen Sommerabend ein eiskaltes Glas davon, erhält man eine erfrischende Mischung aus hellem Lagerbier und säuerlichem Zitronensoda. Die Spanier sind es ja gewohnt, Öl oder Wein mit was auch immer zu mischen. Calimucho/ Kalimotxo heißt eine andere Variante aus Rotwein und Cola, leider nicht ganz mein Geschmack. Merke: Clara de Limón – einfach nur lecker! Calimucho – gar nicht lecker! (siehe Zitronensoda, Seite 78)

KAPITEL 3

VERGORENE &
natürlich fermentierte
GETRÄNKE

Ich setze auf zwei unterschiedliche Gärverfahren für Soda. Bei der einen Methode verwende ich Hefe. Das geht schnell und man kann das Ergebnis schon nach einem Tag genießen. Die andere Methode kostet etwas mehr Zeit. Denn dabei lässt man die Flüssigkeit ganz natürlich mithilfe einer Bakterienkultur aus Ingwer fermentieren. Ein Milchsäuregärprozess beginnt und nach etwa anderthalb Wochen ist das Soda fertig, sprudelt schön und hat darüber hinaus ein Aroma und eine Ausgewogenheit, die hervorragend zum Essen passt oder die man als Basis für leckere Drinks benutzen kann.

Für das fermentierte Teegetränk Kombucha wird der sogenannte Kombuchapilz eingesetzt, der die Milchsäuregärung unterstützt. Am Ende steht ein leicht moussierendes Teegetränk, das kalt getrunken wird.

Alle Soda-Varianten unterscheiden sich in der Art ihrer Bläschen. Verwendet man Sirup und kohlensäurehaltiges Wasser, sind die Bläschen sehr groß und steigen im Glas nach oben. Bei der Hefegärung bleiben die Bläschen sehr klein, aber auch sehr „frisch" und manchmal kribbeln sie im Mund. Und bei natürlich fermentierten Getränken entstehen noch kleinere Bläschen mit einem schönen „Zisch".

Nur weil die Bläschen unterschiedlich groß sind, bedeutet das nicht, dass die Getränke mehr oder weniger Kohlensäure enthalten. Meist ist gerade das natürlich fermentierte Soda voller Kohlensäure, auch wenn sich das im Mund nicht so anfühlt. Deshalb muss man gerade diese Flaschen sehr vorsichtig öffnen.

HEFEGÄRUNG

Die Hefegärung funktioniert ganz einfach, aber Mengenangaben und Maßeinheiten spielen hierbei eine wichtige Rolle. Durch die Hefe wird der Zucker (die Glucose) aufgespalten in Ethanol (Alkohol) und Kohlendioxid (Kohlensäure). Je länger die Flüssigkeit gärt, desto mehr Kohlensäure entsteht.

Für ein gutes Soda sind nur geringe Mengen Hefe nötig. Nimmt man zu viel, schmeckt das Getränk später nur nach Hefe. Und weil zu viel Hefe auch zu viel Kohlensäure produziert, können die Flaschen durch den Druck bersten. Ich verwende flüssige Champagner- oder Ciderhefe mit wenig Eigengeschmack. Nach unzähligen Versuchen mit normaler Back- und Bierhefe kam ich zu dem Ergebnis, dass es eigentlich keine Alternative zur Champagnerhefe gibt. Das Soda schmeckt am Ende einfach nicht so gut.

Idealerweise bereitet man Soda in Kunststoffflaschen (PET-Flaschen) zu, um leicht überprüfen zu können, wie weit die Gärung fortgeschritten ist. Ist der Kunststoff der Flasche gespannt und hart, ist die Gärung des Sodas abgeschlossen; es hat sich genügend Kohlensäure gebildet. Nach der Gärung kann man das Soda in Glasflaschen füllen und diese dann im Kühlschrank aufbewahren, um den Gärprozess zu unterbrechen. Mit einem Holzspieß im Trichter wird verhindert, dass beim Umfüllen des Sodas Kohlensäure entweicht. Flaschen mit Bügelverschluss eignen sich nicht so gut, da das Soda einen hohen Druck aufbaut. Die Flaschen lassen sich meist nicht vorsichtig genug öffnen und es besteht die Gefahr, dass der Verschluss wegfliegt. Flaschen mit Schraubverschluss oder Kronkorken kann man langsam öffnen und so Schreckmomente durch umherfliegende Verschlüsse vermeiden.

GRAPEFRUITSODA

Etwa 3 l
300 ml plus 1,2 l Wasser
140 g Raffinadezucker
800 ml frisch gepresster weißer Grapefruitsaft
600 ml frisch gepresster Zitronensaft
1 Prise Salz
½ Messerspitze flüssige Hefe

In einem Topf 300 ml Wasser mit dem Zucker aufkochen, dann abkühlen lassen.

Grapefruit- und Zitronensaft mit dem Zuckersud, Salz und dem restlichen Wasser mischen. Die Hefe hinzufügen und alles gründlich verrühren, damit sich die Hefe in der gesamten Flüssigkeit verteilt. Zwei PET-Flaschen à 1½ l befüllen, dabei darauf achten, dass im Flaschenhals etwa 5 cm Luft bleiben. Den Flaschenhals zusammendrücken, sodass er sich nach innen beult, und die Flasche verschließen. Bei Zimmertemperatur 13 Tage gären lassen.

Wenn der Kunststoff der Flasche sich wieder ausgebeult hat und sich hart und gespannt anfühlt, enthält das Soda genug Kohlensäure. Mithilfe eines Trichters und eines Holzspießes in kleinere Flaschen umfüllen (siehe Zubehör, Seite 14–15). Kalt stellen, um den Gärprozess zu unterbrechen.

ZITRONENSODA

Wie eine kohlensäurehaltige, säuerliche Limonade!

Etwa 3 l
300 ml plus 1½ l Wasser
180 g Raffinadezucker
600 ml frisch gepresster Zitronensaft
fein abgeriebene Schale von 3 Bio-Zitronen
½ Messerspitze flüssige Hefe

In einem Topf 300 ml Wasser und Zucker einkochen. Mit Zitronensaft, -schale und dem restlichen Wasser in einer großen Schüssel vermengen. Abkühlen lassen.

Die Hefe hinzufügen und alles gründlich verrühren, damit sich die Hefe in der gesamten Flüssigkeit verteilt. Zwei PET-Flaschen à 1½ l befüllen, dabei darauf achten, dass im Flaschenhals etwa 5 cm Luft bleiben. Den Flaschenhals zusammendrücken, sodass er sich nach innen beult, und die Flasche verschließen. Bei Zimmertemperatur 1–3 Tage gären lassen.

Wenn der Kunststoff der Flasche sich wieder ausgebeult hat und sich hart und gespannt anfühlt, enthält das Soda genug Kohlensäure. Dann mithilfe eines Trichters und eines Holzspießes in kleinere Flaschen umfüllen (siehe Zubehör, Seite 14–15). Kalt stellen, um die Gärung zu unterbrechen.

> **AUFBEWAHRUNG**
> Bewahren Sie das Soda nicht länger als 4 Wochen im Kühlschrank auf. Es gärt nämlich langsam weiter.

POPCORN-GRUNDREZEPT

Popcorn ohne Mikrowelle!

2 EL geschmacksneutrales Öl, z.B. Mais- oder Rapsöl
170 g Puffmais
½ TL Salz

In einem großen Topf das Öl erhitzen. Das Popcorn hinzufügen und den Topf rütteln. Das Popcorn zugedeckt poppen lassen, den Topfdeckel dabei festhalten. Die Hitze etwas reduzieren und warten, bis alle Körner gepoppt sind, also bis „der Beschuss" nachlässt.

Erst jetzt den Deckel entfernen und das Popcorn salzen, gut schütteln und rühren, damit das Salz sich gut verteilt. Zusätzlich mit einer Gewürzmischung versehen oder sofort essen.

SALZIGES KARAMELL-POPCORN

Die Kombination aus salzigem Karamell und knusprigem Popcorn macht süchtig!

1½ Stunden
Etwa 3 l
135 g Raffinadezucker
70 g Glukosesirup oder Glucose
50 g Butter
50 g Schlagsahne
¼ TL Backpulver
½ TL Salz
1 Portion Popcorn nach dem Grundrezept

Den Ofen auf 100 °C vorheizen. In einem Topf mit dickem Boden Zucker und Glukosesirup zu einem goldbraunen Karamell schmelzen. Dann Butter und Sahne hinzufügen. Bis auf 125 °C kochen lassen.

Anschließend vom Herd nehmen und zügig Backpulver und Salz unterrühren.

Das Popcorn in eine große Schüssel (etwa 4 l) füllen, die Karamellmasse über das Popcorn gießen und alles gründlich vermengen, bis das Popcorn vollständig bedeckt ist. Auf einem mit Backpapier ausgelegten Backblech verteilen.

Auf der mittleren Schiene im Ofen 1 Stunde trocknen lassen, alle 15 Minuten herausnehmen, das Popcorn wenden und rühren.

Abkühlen lassen und dann in luftdicht schließenden Tüten oder Dosen aufbewahren. Das Popcorn hält sich bis zu 3 Wochen.

POPCORN MIT SESAM, ALGEN & WASABI

Dieses Popcorn hat eine schöne Wasabi-Schärfe, die den milden Sesam und die Algen aufpeppt.

1 Stunde
Etwa 3 l
1 Portion Popcorn nach dem Grundrezept
1 Noriblatt
1 Eiweiß (Größe M)
2 EL Wasabipaste
1 TL Sesamöl
1 TL Fischsauce
½ EL Raffinadezucker
1 EL flüssiger Honig
½ TL Salz
35 g Sesam (am schönsten ist weißer und schwarzer gemischt)

Den Ofen auf 100 °C vorheizen. Das Noriblatt in kleine Stücke schneiden. Mit Eiweiß, Wasabi, Sesamöl, Fischsauce, Zucker, Honig, Salz und Sesam in einer großen Schüssel (etwa 4 l) vermengen. Dann das Popcorn dazugeben

und alles vermengen, bis das Popcorn gleichmäßig bedeckt ist.

Auf der mittleren Schiene im Ofen 1 Stunde trocknen lassen, dabei alle 15 Minuten herausnehmen und das Popcorn wenden und rühren. Abkühlen lassen und mit etwas mehr Salz abschmecken. In luftdicht schließenden Tüten oder Dosen hält es sich bis zu 3 Wochen.

KIMCHI-POPCORN

Popcorn mit der Schärfe und Aromaexplosion des Kimchis.

3½ Stunden
Etwa 3 l
120 g Kimchi (Abtropfgewicht)
2 EL Kimchi-Paste
1 EL Sriracha (thailändische Chilisauce)
1 EL Sesamöl
½ TL Salz
1 Portion Popcorn nach dem Grundrezept

Den Ofen auf 100 °C vorheizen. Den Kimchi in ein Sieb geben und ausdrücken, dann fein hacken und auf einem mit Backpapier ausgelegten Backblech verteilen. Im Ofen auf mittlerer Schiene etwa 1½ Stunden trocknen, dabei alle 15 Minuten wenden. Nach 30 Minuten die Hitze auf 70 °C reduzieren.

Kimchi-Paste, Sriracha, Sesamöl und Salz in einer großen Schüssel (etwa 4 l) verrühren und das Popcorn in der Mischung schwenken. Dann mit dem getrockneten Kimchi vermengen.

Alles zusammen im Ofen auf der mittleren Schiene weitere 2 Stunden trocknen, alle 30 Minuten wenden und rühren. Abkühlen lassen und mit Salz abschmecken. Das Popcorn hält sich bis zu 3 Wochen.

SMOKY AHORNSIRUP-POPCORN

Scharf durch Pimentón und Chili. Das spanische Paprikapulver Pimentón de la Vera kann man überall einsetzen, wo ein angenehm rauchiges Aroma gewünscht ist. Der Ahornsirup gleicht die Schärfe mit einer milden Süße aus.

<u>45 Minuten</u>
Etwa 3 l
2 EL Ahornsirup
1 Eiweiß (Größe M)
1½ TL Pimentón
½–1 Prise Chiliflocken
1 TL Kreuzkümmel
1 TL Zwiebelpulver
3 EL zerlassene Butter
1 Portion Popcorn nach
   dem Grundrezept (Seite 81)

Den Ofen auf 75 °C vorheizen. Ahornsirup, Eiweiß, Gewürze, Salz und zerlassene Butter in einer großen Schüssel (etwa 4 l Volumen) verrühren. Die Wände der Schüssel damit bestreichen, die ganze Schale sollte innen mit der Masse bedeckt sein. Das Popcorn in der Schale schwenken und rühren, bis es rundum mit der Gewürzmischung bedeckt ist.

Das Popcorn auf einem mit Backpapier ausgelegten Backblech verteilen. Im Ofen auf der mittleren Schiene etwa 30 Minuten trocknen, nach etwa der Hälfte der Zeit wenden und rühren. Abkühlen lassen und in luftdicht schließenden Tüten oder Dosen aufbewahren. Das Popcorn hält sich bis zu 3 Wochen.

PARMESAN-TRÜFFEL-POPCORN

Frisches, noch warmes Popcorn mit fein geriebenem Parmesan und Trüffelöl ist purer Luxus. Probieren Sie es auch mal mit frischem Rosmarin oder Salbei – eine prima Ergänzung zum Parmesan.

<u>10 Minuten</u>
Etwa 3 l
1 Portion Popcorn nach dem
   Grundrezept
1 Prise weißes Trüffelöl
50 g fein geriebener Parmesan
2 Prisen grob gemahlener
   schwarzer Pfeffer

Das noch warme Popcorn mit Trüffelöl, Parmesan und Pfeffer vermischen. Sofort servieren, man kann es nicht aufbewahren.

FIZZY ORANGENSODA

Vergessen Sie Fanta! Wenn man einmal das Fizzy Orangensoda probiert hat, lässt sich das industriell hergestellte Getränk kaum noch trinken. Dieses Soda schmeckt intensiv nach Orange und hat durch die Zitronen eine schöne Säure.

Etwa 3 l
300 ml plus 150 ml Wasser
140 g Raffinadezucker
200 ml frisch gepresster
   Zitronensaft
fein abgeriebene Schale
   von 1 Bio-Zitrone
800 ml frisch gepresster
   Orangensaft
fein abgeriebene Schale
   von 4 Bio-Orangen
½ Spritzer flüssige Hefe

In einem Topf 300 ml Wasser und den Zucker einkochen. Mit den Zitrussäften und -schalen sowie dem restlichen Wasser in einer großen Schüssel mischen. Abkühlen lassen.

Die Hefe hinzufügen und alles gründlich verrühren, damit sich die Hefe in der gesamten Flüssigkeit verteilt. Zwei PET-Flaschen à 1½ l befüllen, dabei darauf achten, dass im Flaschenhals etwa 5 cm Luft bleiben. Den Flaschenhals zusammendrücken, sodass er sich nach innen beult, und die Flasche verschließen. Bei Zimmertemperatur 1–3 Tage gären lassen.

Wenn der Kunststoff der Flasche sich wieder ausgebeult hat und sich hart und gespannt anfühlt, enthält das Soda genug Kohlensäure. Dann mithilfe eines Trichters und eines Holzspießes in kleinere Flaschen umfüllen (siehe Zubehör S. 14–15). Kalt stellen, um den Gärprozess zu unterbrechen.

> **BLUTORANGENSODA**
> Wenn Blutorangen Saison haben, also von Februar bis März, kann man die normalen Orangen ersetzen. Man erhält so ein eher säuerliches Blutorangensoda.

KOMBUCHA

Wenn man das erste Mal selbst gemachtes Kombucha probiert, ist man gleich verloren. Der fruchtige, blumige Geschmack in Kombination mit der Säure des Weinessigs ist total lecker und wirklich erfrischend.

Kombucha ist ein fermentierter Tee, der mithilfe eines Hefepilzes gärt und dadurch zu einem erfrischenden, säuerlichen kohlensäurehaltigen Getränk wird. Auf Englisch wird der Pilz Scoby oder Kombucha-Mushroom genannt. Kombucha ist kein neues Produkt, sondern in entsprechenden Kreisen schon seit Langem als Gesundheitsgetränk bekannt. In den letzten Jahren begegnet einem Kombucha jedoch vermehrt, oft in hübsche Flaschen abgefüllt. So wuchs das Interesse für dieses Getränk kontinuierlich.

Meine 80-jährige Verwandte Anna-Stina aus Norrland erzählte mir einmal Folgendes: Als sie ein kleines Mädchen war, lag in der feinen Kristallschale im Wohnzimmer ein Kombuchapilz. Hin und wieder nahmen die Erwachsenen den Pilz, der wie ein Deckel über der Flüssigkeit lag, heraus und schlürften ein paar Schlucke des Getränks in der Zuversicht, die gesunde Bakterienkultur halte sie gesund und fit. In den 1970er-Jahren waren Kombuchapilze der Renner, fast so wie Sauerteig, Kommunen, Stadtflucht und Chili con Carne.

Längst ist Kombucha kein Gesundheitsgetränk mehr, sondern ein trendiger Drink in vielen verschiedenen Geschmacksvarianten, der aus unserer Getränkekultur nicht mehr wegzudenken ist!

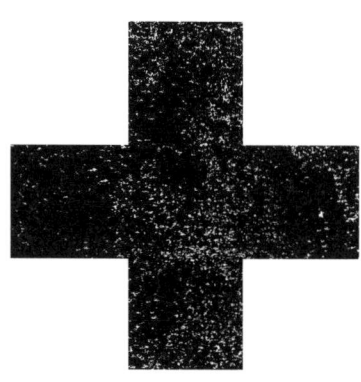

KOMBUCHA-HILFE

1. AUSSEHEN Der Kombuchapilz (oder Teepilz) ist gallertartig und halbtransparent. Er erinnert optisch ein wenig an eine Qualle. Nach jedem Gärprozess wird der Pilz dicker, und wenn er zu dick wird, kann man ein paar Schichten abschälen und erhält so wieder einen neuen Pilz. Die alten Schichten verwendet man üblicherweise, um einen neuen Pilz mithilfe einiger Deziliter fertiger Kombuchaflüssigkeit zu züchten.

2. PLATZIERUNG DES PILZES Der Kombuchapilz schwimmt entweder auf der Oberfläche der Flüssigkeit oder liegt leicht schräg darin. Die Gärung funktioniert bei beiden Varianten. Liegt der Pilz schräg in der Flüssigkeit, bildet sich an der Oberfläche ein „Kombucha-Baby", man erhält so einen zusätzlichen Pilz, den man selbst verwenden oder verschenken kann.

3. FLECKEN UND NIEDERSCHLÄGE Es ist normal, dass sich an der Unterseite des Pilzes braune Linien bilden und sich Schwebeteilchen am Grund der Flüssigkeit absetzen.

Diese Schwebeteilchen kann man abseihen, bevor man das fertige Getränk in Flaschen umfüllt, aber man muss eigentlich immer damit rechnen, dass sich auch in der Flasche im fertigen Getränk wieder solche Teilchen absetzen werden. Es ist ebenfalls ganz normal, wenn sich im Pilz ein Loch bildet oder er dunkelbraune Flecken bekommt; man kann ihn dennoch verwenden. Die braunen Flecken und Linien kann man vorsichtig, mit sauberen Händen, aus dem Pilz herausschneiden, wenn man eine neue Gärung aufsetzt. Wird der Pilz dagegen schwarz oder bildet Schimmel, sollte man ihn wegwerfen und einen neuen Pilz züchten oder kaufen.

4. DER NASE NACH Riecht der Kombucha gut und frisch nach Weinessig, ist alles in Ordnung. Je mehr Zeit verstreicht, desto mehr riecht die Flüssigkeit nach Essig. Wird sie zu sauer, kann man eine neue Gärung ansetzen und weniger lang gären. Es ist jedoch wichtig, dass sich der Pilz immer in einem sauren Milieu befindet, da die Säure schlechte Bakterien von ihm fernhält. Achten Sie darauf, dass die Flüssigkeit mindestens 10 Prozent sauren Kombucha aus der vorherigen Gärung enthält! Schmecken Sie die Flüssigkeit nach etwa einer Woche ab, um zu entscheiden, wie sauer sie sein soll. Einige mögen Kombucha richtig sauer, beinahe wie Essig, andere bevorzugen ihren Kombucha etwas süßer und fruchtiger.

5. URLAUB UND RUHEZEIT Wenn man einen Urlaub plant und sich Sorgen um seinen Pilz macht, kann man ihn ruhen lassen. Ist man weniger als zwei Wochen weg, kann

man eine neue Portion Kombucha ansetzen, um den Pilz darin aufzubewahren. Ist die Flüssigkeit zu säuerlich, beginnt man mit dem Pilz und einem Teil der Flüssigkeit einfach von vorn. Plant man dagegen eine längere Abwesenheit, kann man versuchen, den Pilz in einer großen Menge gesüßtem Tee (siehe Seite 87, Ansatz 2) aufzubewahren. Sonst muss man neu beginnen und einen neuen Pilz mit einer Flasche Kombucha züchten. Wie bei einem Sauerteig kann man den Pilz in etwas Kombucha schwimmend für eine längere Zeit im Kühlschrank aufbewahren. Es kann sein, dass die Gärung nach einer Ruhezeit langsam in Gang kommt und etwas länger dauert.

6. AUFBEWAHRUNG Lagern Sie gärenden Kombucha bei Zimmertemperatur (20–25 °C). Das in Flaschen abgefüllte Getränk muss nach der Gärung im Kühlschrank aufbewahrt werden, damit es nicht (bzw. nur noch minimal) weitergärt. Gärt es zu lange bei Zimmertemperatur, könnte die Flasche durch den Druck der Kohlensäure bersten.

7. FLASCHEN Benutzen Sie kleine PET-Flaschen oder Glasflaschen mit Bügelverschluss, damit Sie einfach kontrollieren können, wann das Getränk genug Kohlensäure enthält. Bei PET-Flaschen kann man an der Flasche fühlen, ob das Getränk ausreichend Kohlensäure enthält. Ist der Kunststoff gespannt und hart, sollte die Flasche in den Kühlschrank gestellt werden. Glasflaschen sollte man etwa alle zwei Tage öffnen, um zu prüfen, wie viel Kohlensäure das Getränk inzwischen enthält. Ich nutze am liebsten viele kleine Flaschen (etwa 25 cl), damit im Kühlschrank möglichst keine angebrochenen Flaschen stehen, die ihre Kohlensäure verlieren könnten.

WO BEKOMMT MAN EINEN KOMBUCHAPILZ?

Für die Kombuchagärung braucht man einen speziellen Pilz. Am einfachsten ist es, jemanden, der bereits mit Kombuchapilzen arbeitet, danach zu fragen, genauso als würde man von jemandem ein wenig Sauerteig bekommen. Ansonsten kann man ihn auch im Internet bestellen und bekommt ihn nach ein paar Tagen zugeschickt.
Man kann auch einen eigenen Pilz züchten. Dafür braucht man nichtpasteurisierten Kombucha (gekauft oder selbst gemacht). Man gießt das Getränk in ein sauberes Glasgefäß, deckt es mit einem Seihtuch ab und fixiert dieses mit einem Gummiband. Dann lässt man es 2–4 Wochen stehen und wartet, bis sich an der Oberfläche ein Pilz gebildet hat. Den Pilz und einen Teil der Flüssigkeit können Sie danach für die Herstellung des selbst gemachten Kombuchas verwenden.
Wenn Sie einen Pilz von jemandem bekommen können, ist dies aber sicher die einfachste Methode.

GRUNDREZEPT FÜR KOMBUCHA

Man kann Kombucha sowohl aus schwarzem als auch aus grünem Tee herstellen. Ich nehme meist ganz einfachen Earl Grey, weil ich diesen frischen Teegeschmack im fertigen Getränk mag. Mit grünem Tee bekommt der Kombucha ein mildes, eher neutrales Aroma. Er eignet sich daher am besten für Kombucha in verschiedenen Geschmacksrichtungen.

Wenn man von Grund auf mit einem Kombuchapilz und Kombuchaflüssigkeit beginnt (die man entweder beim Kauf des Pilzes oder vom „Züchter" des Pilzes bekommen hat), fängt man am besten mit Ansatz 1 an.

Haben Sie dann Ihre erste Portion fertigen Kombucha in Flaschen abgefüllt (siehe Punkt 7 unter Ansatz 2) und wollen Sie einen weiteren Ansatz herstellen, können Sie direkt bei Ansatz 2 einsteigen.

Ansatz 1
250 ml plus 250 ml Wasser
1 TL loser Tee, schwarz oder grün
50 g Raffinadezucker
1 Kombuchapilz
etwa 200 ml fertiger Kombucha oder 200 ml Kombucha-Starterkultur (die Flüssigkeit ist dabei, wenn man den Kombuchapilz kauft)

1. In einem Topf 250 ml Wasser mit dem Tee aufkochen.
2. Vom Herd nehmen und den Zucker einrühren. Mit einem Deckel oder einem dünnen Handtuch oder Seihtuch zugedeckt 30 Minuten ziehen lassen.
3. Die Flüssigkeit durch ein feines Sieb in ein Glasgefäß (1 l Volumen) gießen.
4. Weitere 250 ml kaltes Wasser hinzufügen und zugedeckt abkühlen lassen.
5. Mit sauberen Händen den Pilz und den Kombucha (bzw. die Starterkultur) hinzufügen, wenn das Ganze auf Zimmertemperatur abgekühlt ist.
6. Den Pilz auf die Oberfläche legen; die glatte, glänzende Seite zeigt nach oben. Ist der Pilz sehr dünn und noch ganz frisch, kann er einfach in die Flüssigkeit getaucht und vorsichtig ausgebreitet werden, damit er nicht verklumpt.
7. Mit einem dünnen Geschirr- oder Seihtuch abdecken, mit einem Gummiband fixieren und für 1–2 Wochen bei Zimmertemperatur stehen lassen. Manchmal kann man nach einer Weile kleine Bläschen im Kombucha sehen, dann weiß man, dass die Gärung in Gang gekommen ist.
8. Nach 1–2 Wochen ist es Zeit, den Ansatz 1 mit dem Ansatz 2 zu mischen, um eine größere Portion zu erhalten.

Ansatz 2
1½ l plus 1½ l Wasser
2 EL loser Tee, schwarz oder grün
220 g Raffinadezucker
300 ml Kombucha aus Ansatz 1
1 Kombuchapilz

1. In einem großen Topf 1½ l Wasser und den Tee aufkochen.
2. Vom Herd nehmen und den Zucker einrühren. 30 Minuten zugedeckt ziehen lassen, dann die Teeblätter durch ein feines Sieb in ein Glasgefäß (4 l Volumen) gießen.
3. Weitere 1½ l Wasser zugießen.
4. Mit einem dünnen Geschirr- oder Seihtuch abdecken und abkühlen lassen. Es ist wichtig, dass die Flüssigkeit vollständig auskühlt, sonst stirbt der Pilz in der warmen Flüssigkeit.

5. 300 ml Kombucha aus Ansatz 1 zugießen und den Pilz vorsichtig auf die Flüssigkeit legen.
6. Das Gefäß wieder mit Tuch und Gummiband verschließen. Bei Zimmertemperatur 1–2 Wochen stehen lassen. Nach 1 Woche die Flüssigkeit abschmecken; je länger sie steht, desto saurer wird sie.
7. Nach 1–2 Wochen Gärung kann die Flüssigkeit in Flaschen abgefüllt werden. Bereiten Sie einen neuen Ansatz 2 vor, der vor der Abfüllung abkühlen kann, damit Sie den Pilz dort hineinlegen können, wenn der fertige Kombucha in Flaschen abgefüllt wird. Achten Sie darauf, 300 ml Flüssigkeit für den neuen Ansatz zusammen mit dem Pilz aufzubewahren.
8. Benutzen Sie kleine PET-Flaschen oder Glasflaschen mit Bügelverschluss. Die Flaschen müssen gründlich gereinigt sein. Den Kombucha mithilfe eines Siebs und eines Trichters abseihen. Im Flaschenhals etwa 5 cm Luft lassen, dann verschließen.
9. Bei Zimmertemperatur 1–5 Tage stehen lassen, damit sich Kohlensäure bildet. Bei PET-Flaschen kann man fühlen, wann das Getränk ausreichend Kohlensäure enthält: Ist der Kunststoff gespannt und hart, sollte die Flasche in den Kühlschrank gestellt werden. Glasflaschen muss man etwa alle 2 Tage öffnen, um zu prüfen, wie viel Kohlensäure die Flüssigkeit enthält. Manchmal bilden sich ganz oben in der Flasche kleine Schwebeteilchen, das ist aber nicht bedenklich, Sie können den Kombucha vor dem Verzehr einfach abseihen.
10. Kombucha hält sich im Kühlschrank bis zu 1 Monat.

KOMBUCHA AROMATISIEREN

Kombucha mit Früchten und Beeren schmeckt wie eine frische Limonade mit der Säure von Weinessig anstelle der Zitrone. Himbeeren und Pfirsiche eignen sich am besten, doch Sie sollten einfach verschiedene Früchte und Beeren testen, um den perfekten Kombucha herzustellen. Probieren Sie auch einmal, Kräuter wie Thymian, Salbei oder Rosmarin mitgären zu lassen, um ein noch intensiveres Aroma zu bekommen.

1. Das Kombucha wie gewohnt bis Schritt 7 in Ansatz 2 herstellen (bevor die Flüssigkeit in Flaschen abgefüllt wird).
2. Einen weiteren Ansatz 2 vorbereiten, der vor der Abfüllung abkühlen kann, damit Sie den Pilz dort hineinlegen können. Achten Sie darauf, 300 ml Flüssigkeit zusammen mit dem Pilz für den neuen Ansatz aufzubewahren.
3. Den Kombucha (ohne Pilz) mit 200 g zimmerwarmen, zerdrückten oder pürierten Früchten oder Beeren in einem großen Glasgefäß mischen.
4. Mit einem Seihtuch und Gummiband verschließen, dann bei Zimmertemperatur 1–2 Tage stehen lassen.
5. Abseihen und in Flaschen umfüllen, dabei etwa 5 cm Luft im Flaschenhals lassen.
6. Die Flaschen 1–3 Tage bei Zimmertemperatur stehen lassen, damit sich noch mehr Kohlensäure bildet.
7. Im Kühlschrank lagern, um den Gärprozess zu unterbrechen. Der Kombucha hält sich im Kühlschrank bis zu 1 Monat.

GESCHMACKS-RICHTUNGEN

Sie können den Kombucha auch durch die verwendete Teesorte variieren – klassischer Earl Grey, neutraler grüner Tee, blumiger schwarzer Tee, Jasmintee oder mit Vanille oder Zitrusfrüchten aromatisierter Tee. Beeren, Früchte und Kräuter kann man so lange variieren und kombinieren, bis man seine Lieblingsvariante kreiert hat. Für mich ist die ultimative Geschmacksrichtung eine Kombination aus Preiselbeeren und Zitronenschalen. Denken Sie daran, dass aromatisierter Kombucha meist etwas schneller gärt als neutraler Kombucha.

Ananas mit Limettenschale
Erdbeeren
Heidelbeeren
Himbeeren
Ingwer
Limettenschalen
Minze
Moosbeeren
Orangenblütenwasser
Orangenschalen
Passionsfrucht
 mit Zitronenschalen
Preiselbeeren
Rosenblütenwasser
Sanddorn
Zitronengras
Zitronenmelisse
Zitronenschalen

NATÜRLICH
fermentiertes SODA

Natürliche Fermentation ist für Softdrink-Nerds so etwas wie der Sauerteig für die Brotbäcker. Milchsäuregärung (Laktofermentation) eignet sich nicht nur für eingelegtes Gemüse, man kann dieses Verfahren auch für Soda verwenden. Um ein Getränk ganz ohne Hefe oder Wassersprudler mit Kohlensäure zu versetzen, setzt man eine Sodakultur mit drei Zutaten an: Wasser, Zucker und eine Wurzel, z.B. Löwenzahnwurzel oder Ingwer. Ich nehme meist Ingwer, da er dem fertigen Getränk gleich ein tolles Aroma verleiht und man ihn außerdem ganzjährig überall bekommt.

In den USA nennt man eine Sodakultur auf Ingwerbasis ginger bug; ich nenne es Sodastarter oder Sodakultur. Diese Art der natürlichen Fermentation ist kinderleicht, man muss nur – wie beim Sauerteig – sehr sorgfältig arbeiten. Man hegt und pflegt die Kultur liebevoll einige Tage und mischt sie dann in einem großen Glasgefäß mit Obst- oder Beerensaft. Die Flüssigkeit fermentiert noch einige Tage unter einem Seihtuch, danach kann man sie in Flaschen abfüllen. Die Kultur muss regelmäßig genährt werden, und wenn man verreist, sollte man sie zum Ruhen in den Kühlschrank stellen und erst wieder ansetzen, wenn man nach Hause kommt. Einen Teil seiner Kohlensäure erhält das Getränk bei der Fermentation, doch erst, wenn die Flüssigkeit in Flaschen abgefüllt wird, bleibt die Kohlensäure in der Flasche erhalten und das Getränk sprudelt herrlich. Das klingt vielleicht kompliziert, ist aber genau wie beim Sauerteig ganz einfach, wenn man erst mal angefangen hat!

Das Ergebnis einer gelungenen natürlichen Fermentation ist unglaublich gut. Die Aromen bekommen eine tiefe und säuerliche Frische. Eine Garantie, dass das Soda jedes Mal gleich schmeckt, gibt es allerdings nicht, weil bei der Gärung viele Faktoren eine Rolle spielen – die Reife der Früchte, die Zimmertemperatur, überhaupt die Umgebung, in der sich die Flüssigkeit zum jeweiligen Zeitpunkt befindet. Aber gerade das macht ja den Charme selbst gemachter Getränke aus. Das Soda schmeckt immer verschieden, genau wie Wein, der je nach Boden und Wetter einen anderen Charakter hat.

Wenn man Pech hat und das Soda zu lange gärt, wird es nicht besonders gut schmecken. Es riecht und schmeckt dann nach muffiger Hefe. Verwendet man für die Fermentation ganze Früchte oder viel Fruchtfleisch in der Flüssigkeit, läuft der Prozess schneller ab, da die Flüssigkeit durch den in den Früchten enthaltenen und den zugesetzten Zucker viel Nahrung für die Hefebakterien enthält. Sie sollten mehrmals täglich umrühren, um die Früchte zu mischen und die Bakterien in Gang zu bringen. Wenn in der Flüssigkeit Bläschen zu sehen sind und man ein Zischgeräusch hört, ist es wichtig, das Getränk sofort in Flaschen abzufüllen. Jetzt nicht mehr warten – das würden Sie bereuen!

SODAKULTUR –
INGWERANSATZ
GINGER BUG

Eine Sodakultur anzusetzen, geht relativ schnell. Im Unterschied zum Kombuchapilz, den man nicht verlieren will, weil es oft nicht ganz einfach ist, einen neuen zu bekommen, muss man hier nur etwas Wasser, Zucker und Ingwer mischen. Ich stelle Soda fast immer aus frisch angesetzter Sodakultur her, weil ich in meiner Küche zwischen all den Kräutern, Kochbüchern und Gerätschaften nicht so viel Platz habe. Außerdem finde ich, dass das Soda frischer riecht und schmeckt, wenn man es aus einer neuen Sodakultur herstellt.

500 ml Wasser
2 EL fein geriebener Ingwer
   (möglichst Bio-Ware)
1 EL Raffinadezucker
1 EL Rohrohrzucker

1. Alle Zutaten in einem sauberen Glasgefäß vermengen.
2. Mit einem dünnen Tuch und einem Gummi verschließen, sodass die Flüssigkeit im Gefäß atmen kann, aber keine Fruchtfliegen eindringen können.
3. Das Gefäß 1–4 Tage stehen lassen. Bei mir reichen meist 2 Tage, das hängt aber davon ab, wie wohl sich die Kultur fühlt. Ich bewahre das Gefäß über dem Kühlschrank auf, denn dort ist es etwas wärmer und der Gärprozess kommt schneller in Gang.

4. Die Flüssigkeit 1–3 Mal pro Tag umrühren und einmal pro Tag mit 1 TL frischem Ingwer, ½ TL Raffinadezucker und ½ TL braunem Zucker „füttern".
5. Kann man an der Oberfläche der Flüssigkeit Bläschen sehen und hört man ein Zischgeräusch, ist die Sodakultur fertig. Die Flüssigkeit sieht häufig leicht trüb aus, sollte aber frisch riechen. Jetzt kann man sie verwenden!
6. Um die Sodakultur am Leben zu halten, muss man sie – genau wie Sauerteig – regelmäßig nähren. Dafür wie gehabt jeden Tag mit 1 TL Zucker und 1 TL fein geriebenem Ingwer füttern.
7. Man kann den Ansatz auch im Kühlschrank ruhen lassen. Das Gefäß mit einem Deckel verschließen und in den Kühlschrank stellen. Nur noch einmal pro Woche mit 1 TL fein geriebenem Ingwer, ½ TL Raffinadezucker und ½ TL Rohrohrzucker füttern. Um den Ansatz dann wieder zu aktivieren, nimmt man ihn aus dem Kühlschrank. Hat er sich bis auf Zimmertemperatur erwärmt, kann man ihm wieder täglich Nahrung geben.

Allgemeine Regel zur natürlichen Fermentation von Soda (Ausnahmen sind möglich):
Etwa 50 ml Sodakultur auf 1 l Flüssigkeit.

UMRÜHREN

Rühren Sie das gärende Soda 2–3 Mal pro Tag um. Die Sodakultur mag das. Es beschleunigt die Gärung und reduziert das Risiko, dass die Fermentation misslingt oder sich Schimmelpilze bilden.

FERTIG?

Wenn man Kunststoffflaschen benutzt, sollte man die Flasche am Hals eindrücken, bevor man den Deckel zuschraubt. Dann kann man ganz einfach feststellen, wann sich genug Kohlensäure gebildet hat. Ist der Kunststoff hart und wieder ausgebeult, ist das Soda fertig.

Soda höchstens 4 Wochen im Kühlschrank aufbewahren. Es gärt nämlich auch dort – wenn auch langsam – weiter.

GINGER BEER

Eines meiner Lieblingsgetränke in diesem Buch. Es gibt nichts Besseres als ein perfekt ausgewogenes Ginger Beer. Mit der richtigen Säure, Frische und einem Hauch Schärfe vom Ingwer.

Etwa 3 l
600 ml plus 2½ l Wasser
220 g Raffinadezucker
90 g Rohrrohrzucker
200 g fein gehackter Bio-Ingwer
200 ml frisch gepresster
   Zitronensaft
100 ml Sodakultur

600 ml Wasser, beide Zuckersorten und Ingwer aufkochen und etwa 5 Minuten köcheln. Dann in einem großem Glasgefäß (4 l Volumen) mit 2½ l Wasser vermischen und abkühlen lassen.

Zitronensaft und Sodakultur einrühren. Mit einem Seihtuch und einem Gummiband verschließen. Bei Zimmertemperatur 4–7 Tage stehen lassen, 2–3 Mal pro Tag umrühren.

Nach 4 Tagen abschmecken und prüfen, wie süß das Getränk ist. Je länger es steht, desto trockener wird es, weil der Zucker von der Kultur „aufgegessen" wird. Aber übertreiben Sie es nicht mit der Gärung. Das Soda sollte immer noch frisch nach Ingwer riechen.

Die Flüssigkeit abseihen und in saubere PET- oder Glasflaschen (330 ml) umfüllen. Im Flaschenhals 5 cm Luft lassen.

Mit dem Verschluss bzw. Kronkorken verschließen und 1–2 Tage stehen lassen, damit sich Kohlensäure bildet. Dann im Kühlschrank aufbewahren, um die Gärung zu unterbrechen.

SODA AUS ROTEN JOHANNISBEEREN UND KIRSCHEN

Dies wird ein trockenes Soda, eine schöne Alternative zu Rotwein! Sucht man nach dem kleinsten gemeinsamen Nenner zwischen diesem Soda und Wein, könnte man sagen, die säuerlichen Johannisbeeren schmecken in Kombination mit den Kirschen beinahe wie ein leichter italienischer Tischwein … oder eben auch nicht.

Etwa 3 l
1 l plus 1½ l Wasser
180 g Raffinadezucker
200 g rote oder schwarze
   Johannisbeeren
200 g Kirschen
abgeschälte Schale von
   1 Bio-Zitrone
200 ml frisch gepresster
   Zitronensaft
150 ml Sodakultur

1 l Wasser mit Zucker und Früchten aufkochen. In ein großes Glasgefäß (4 l Volumen) füllen und 1½ l kaltes Wasser, Zitronenschale und -saft hinzufügen. Mit einem Seihtuch abdecken und auf Zimmertemperatur abkühlen lassen.

Die Sodakultur durch ein Sieb zugießen und alles gründlich verrühren. Mit einem Seihtuch abdecken und mit einem Gummiband fixieren. Bei Zimmertemperatur 4–7 Tage stehen lassen, 2–3 Mal täglich umrühren.

Nach 4 Tagen abschmecken und die Süße prüfen. Je länger das Soda gärt, desto trockener wird es, weil der Zucker von der Kultur „aufgegessen" wird. Warten Sie nicht zu lange, das Soda sollte immer noch frisch riechen.

Die Flüssigkeit abseihen und in saubere PET- oder Glasflaschen (330 ml) umfüllen. Oben in der Flasche 5 cm Luft lassen. Mit dem Verschluss bzw. Kronkorken verschließen und 1–2 Tage stehen lassen, damit sich Kohlensäure bildet. Dann im Kühlschrank aufbewahren, um die Gärung zu unterbrechen.

„CAMPARI" – GRAPEFRUITSODA MIT KRÄUTERN

Unter den fermentierten Getränken in diesem Buch ist dies mein Lieblingsrezept. Das Resultat ist ein leckerer Drink, der an Campari erinnert: leicht bitter und angenehm „kräutrig". Probieren Sie dieses Soda einmal als Longdrink mit Gin. Unglaublich lecker!

Etwa 3½ l
1 l plus 1 l Wasser
180 g Raffinadezucker
800 ml frisch gepresster
   weißer Grapefruitsaft
abgeriebene Schale von
   1 weißen Bio-Grapefruit
500 ml frisch gepresster
   rosa Grapefruitsaft
250 ml frisch gepresster
   Zitronensaft
½ Handvoll frische
   Thymianblättchen
6 Salbeiblätter
100 ml Sodakultur

1 l Wasser mit dem Zucker aufkochen. Dann in ein großes Glasgefäß (4 l Volumen) gießen und 1 l kaltes Wasser hinzufügen. Zitrussäfte, -schale und Kräuter zugeben. Mit einem Seihtuch bedecken und bei Zimmertemperatur abkühlen lassen.

Durch ein Sieb die Sodakultur zugießen, gründlich verrühren und sorgfältig mit einem Seihtuch abdecken, dieses mit einem Gummiband fixieren. Bei Zimmertemperatur 3–5 Tage stehen lassen, dabei 2–3 Mal täglich umrühren.

Das Fruchtfleisch wird sich an der Oberfläche sammeln und immer mehr Bläschen bekommen, je länger der Gärprozess dauert. Das Fruchtfleisch enthält viel Zucker, den die Hefebakterien gerne mögen, dieses Soda gärt daher ziemlich schnell.

Nach 3 Tagen abschmecken und prüfen, wie süß das Soda mittlerweile ist. Je länger es steht, desto trockener wird es, da der Zucker von der Kultur „aufgegessen" wird. Warten Sie nicht zu lange, das Soda sollte immer noch frisch riechen.

Die Flüssigkeit abseihen und in saubere PET- oder Glasflaschen (330 ml) füllen. Im Flaschenhals 5 cm Luft lassen. Das Soda bei Zimmertemperatur noch 1–2 Tage stehen lassen, damit sich Kohlensäure bildet. Dann im Kühlschrank aufbewahren, um die Gärung zu unterbrechen (siehe Foto Seite 94).

PREISELBEER-ORANGEBLÜTEN-SODA

Etwa 3 l
1 l plus 1½ l Wasser
270 g Raffinadezucker
450 g Preiselbeeren
1 TL Orangenblütenwasser
250 ml frisch gepresster
   Zitronensaft
100 ml Sodakultur

1 l Wasser mit dem Zucker und den Preiselbeeren aufkochen. Dann in ein großes Glasgefäß (4 l Volumen) gießen und 1½ l kaltes Wasser hinzufügen. Orangenblütenwasser und Zitronensaft einrühren. Anschließend mit einem Seihtuch bedecken und bei Zimmertemperatur vollständig abkühlen lassen.

Durch ein Sieb die Sodakultur zugießen, gründlich verrühren und sorgfältig mit einem Seihtuch abdecken, dieses mit einem Gummiband fixieren. Bei Zimmertemperatur 4–7 Tage stehen lassen, dabei 2–3 Mal täglich umrühren.

Nach 4 Tagen abschmecken und prüfen, wie süß das Soda mittlerweile ist. Je länger es steht, desto trockener wird es, da der Zucker von der Kultur „aufgegessen" wird. Warten Sie nicht zu lange, das Soda sollte immer noch frisch riechen.

Die Flüssigkeit abseihen und in saubere PET- oder Glasflaschen (330 ml) füllen. Im Flaschenhals 5 cm Luft lassen. Das Soda bei Zimmertemperatur noch 1–2 Tage stehen lassen, damit sich Kohlensäure bildet. Dann im Kühlschrank aufbewahren, um die Gärung zu unterbrechen.

BREZELN

Sie sind salzig und knusprig wie eine Salzstange. Pretzel oder Brezel? In den USA werden sie Pretzels genannt, in Deutschland, wo sie ursprünglich herkommen, Brezeln – nicht jedoch verwechseln mit den weichen Laugenbrezeln, die man zum Frühstück oder als Beilage zu Würstchen serviert! Für die charakteristisch dunkle, glänzende Oberfläche werden die ungebackenen Brezeln in mit Backpulver und Zucker versetztes siedendes Wasser getaucht.

Brezeln sind in allen Größen denkbar. Dieses Rezept ist gedacht für große oder kleine Snack-Brezeln, die pur geknuspert werden, eben genau wie Salzstangen. Für sehr kleine Brezeln braucht man feinmotorisches Geschick, dafür werden sie knuspriger als die größeren.

40–80 Stück, je nach Größe
⅓ **Würfel frische Hefe**
250 ml handwarmes Wasser
1 EL heller Muscovadozucker
½ **TL Salz**
300 g Weizenmehl
1 EL Rapsöl

1½ l Wasser
2 EL Backpulver
2 EL heller Muscovadozucker

1 Ei
1–2 EL mittelgrobes Meersalz oder Salzflocken

Die Hefe in eine Schüssel bröseln und mit warmem Wasser, Zucker und Salz vermischen. Rühren, bis die Hefe sich in der Flüssigkeit aufgelöst hat. Das Mehl hinzufügen und das Ganze zu einem geschmeidigen Teig verarbeiten.

Den Teig etwa 5 Minuten auf der Arbeitsfläche durchkneten. Er sollte schön elastisch und glatt sein.

Eine Schüssel mit ½ EL Öl einpinseln, den Teig in die Schüssel legen und darin wenden, bis er rundum ölig ist. Die Schüssel mit Frischhaltefolie abdecken und den Teig etwa 1 Stunde gehen lassen.

Anschließend den Teig in halbieren und zu dünnen Strängen rollen. Jede Teighälfte in 20–40 Portionen teilen, je nach gewünschter Größe der Brezeln. Ein Backblech mit dem verbliebenen ½ EL Öl fetten.

Die Teigstücke zu sehr dünnen, 30–35 cm langen Strängen rollen (kürzer für kleine Brezeln und länger für größere), dann daraus die Brezeln formen. Die Teigenden an den Kontaktstellen sorgfältig andrücken, damit sie sich beim Backen nicht lösen. Die Brezeln auf das gefettete Blech legen und unter Frischhaltefolie weitere 30 Minuten gehen lassen. (Die Frischhaltefolie hält die Feuchtigkeit im Teig und wird daher statt eines normalen Handtuchs verwendet.) Den Ofen auf 175 °C vorheizen.

In einem Topf Wasser aufkochen und in eine ofenfeste Form gießen, die man auch auf den Herd stellen kann. Backpulver und Zucker in das Wasser rühren und das Wasser erhitzen, bis es siedet. Die Brezeln in mehreren Portionen darin 2–3 Minuten (je nach Größe) köcheln. Mit einer Schöpfkelle immer wieder Flüssigkeit über die Brezeln gießen.

Mit einem Schaumlöffel die Brezeln herausheben und auf zwei mit Backpapier ausgelegten Blechen ausbreiten. Die Oberfläche ein wenig antrocknen lassen.

Das Ei verquirlen und die Brezeln damit bestreichen, mit Salz bestreuen. Auf der mittleren Schiene im Ofen 30–45 Minuten backen.

Auf einem Kuchengitter abkühlen lassen. In luftdicht schließenden Dosen oder Tüten aufbewahren. Sollen die Brezeln etwas weicher sein, kann man sie bereits nach 20–30 Minuten Backzeit aus dem Ofen nehmen.

HOLUNDERSEKT

Natürlich fermentierter Holunder-sekt ohne Sodakultur aus Ingwer. Hier kommt die Gärung allein durch den Holunder und den Zucker in Gang.

Etwa 2 l
20 Holunderblütendolden
dünne Schale von 2 Bio-Zitronen
150 ml frisch gepresster
    Zitronensaft
220 g Raffinadezucker
1½ EL Apfelessig
2 l Wasser

Die Holunderblüten waschen.

Zitronenschale und -saft mit Zucker, Essig und Wasser in einer großen Schüssel mischen. Die Holunderblüten hineintauchen. Mit einem Seihtuch abdecken und mit Gummiband fixieren. Bei Zimmertemperatur 1–2 Tage stehen lassen.

Durch ein Seihtuch gießen und in PET- oder Glasflaschen füllen. Dabei etwa 5 cm Luft im Flaschen-hals lassen.

Die Flaschen bei Zimmertem-peratur 3–5 Tage stehen lassen. Nach 2 Tagen bei einer der Fla-schen kontrollieren, ob Kohlen-säure entstanden ist. Wenn das Getränk genug Kohlensäure hat, in den Kühlschrank stellen, damit die Gärung unterbrochen wird.

HEIDELBEER-LAVENDEL-FIZZ

Etwa 3½ l
1 l plus 1½ l kaltes Wasser
500 g Heidelbeeren
1 Handvoll getrocknete
    Lavendelblüten
220 g Rohrohrzucker
450 ml frisch gepresster
    Limettensaft
150 ml Sodakultur

1 l Wasser in einem Topf mit Hei-delbeeren, Lavendelblüten und Zucker aufkochen. Den Limetten-saft in ein großes Glasgefäß (4 l Volumen) gießen.

Die Flüssigkeit vom Herd nehmen und weitere 1½ l kaltes Wasser hinzufügen. Dann kom-plett in das Glasgefäß gießen. Mit einem Seihtuch abdecken und bei Zimmertemperatur vollständig abkühlen lassen.

Die Sodakultur einrühren und wieder mit einem Seihtuch bede-cken. Bei Zimmertemperatur 3–5 Tage stehen lassen, dabei 2–3 Mal täglich umrühren.

Nach 3 Tagen abschmecken und die Süße überprüfen. Je länger es steht, desto trockener wird es, da der Zucker von der Kultur „aufge-gessen" wird. Warten Sie nicht zu lange, das Soda sollte immer noch frisch riechen.

Die Flüssigkeit abseihen und in saubere PET- oder Glasflaschen (330 ml) umfüllen. Dabei etwa 5 cm Luft im Flaschenhals lassen.

Das Soda bei Zimmertemperatur weitere 1–2 Tage stehen lassen, damit sich Kohlensäure bildet. Dann im Kühlschrank aufbewah-ren, damit der Gärprozess unter-brochen wird.

TROPISCHES PASSI-ONSFRUCHT-SODA

Etwa 3 l
1 l plus 1 l Wasser
180 g Raffinadezucker
fein abgeriebene Schale
von 3 Bio-Orangen
800 ml frisch gepresster
Orangensaft
150 ml Passionsfruchtsaft
150 ml frisch gepresster
Limettensaft
100 ml Sodakultur

1 l Wasser mit dem Zucker aufkochen, dann in ein großes Glasgefäß (4 l Volumen) gießen und 1 l kaltes Wasser hinzufügen. Alle Säfte und Schale zugeben, mit einem Seihtuch abdecken und auf Zimmertemperatur abkühlen lassen.

Durch ein Sieb die Sodakultur zugießen und gründlich einrühren. Sorgfältig mit einem Seihtuch abdecken und mit einem Gummiband fixieren. Bei Zimmertemperatur 3–5 Tage stehen lassen, dabei 2–3 Mal täglich umrühren.

Das Fruchtfleisch wird sich an der Oberfläche der Flüssigkeit sammeln und immer mehr Bläschen bekommen, je länger die Gärung dauert. Das Fruchtfleisch enthält viel Zucker, den die Hefebakterien mögen, daher gärt dieses Soda ziemlich schnell.

Nach 3 Tagen abschmecken und die Süße überprüfen. Je länger es steht, desto trockener wird es, da der Zucker von der Kultur „aufgegessen" wird. Warten Sie nicht zu lange, das Soda sollte immer noch frisch riechen. Die Flüssigkeit abseihen und in saubere PET- oder Glasflaschen (330 ml) füllen. Dabei etwa 5 cm Luft im Flaschenhals lassen.

Das Soda bei Zimmertemperatur 1–2 Tage stehen lassen, damit sich Kohlensäure bildet. Dann im Kühlschrank aufbewahren, um den Gärprozess zu unterbrechen.

GERÖSTETE MANDELN

Ein leckerer Snack zu einem Glas kaltem Clara de Limón (siehe Seite 74). In Spanien werden dafür die mit Salz gerösteten Marcona-Mandeln aus Katalonien benutzt. Sie sind etwas flacher, weicher und runder als die Mandeln, die hierzulande im Backregal liegen. Das ist ganz einfach der Rolls-Royce unter den Mandeln. Wer keinen Wert auf solche Raffinessen legt, nimmt normale Süßmandeln, sie eignen sich auf jeden Fall auch für dieses Rezept.

200 g Süßmandeln, vorzugsweise
Marcona-Mandeln
200 ml Wasser
2 EL Salz

Den Ofen auf 200 °C vorheizen. In einem Topf Wasser und Salz aufkochen. Die Mandeln hineingeben und etwa 10 Minuten stehen lassen. Das Wasser abgießen und die abgetropften Mandeln auf einem Backblech ausbreiten. Auf der mittleren Schiene im Ofen etwa 15 Minuten rösten. Nach der Hälfte der Zeit wenden und neu verteilen.

RAUCHMANDELN
Sollen die Mandeln rauchig schmecken, kann man sie mit 1 TL Pimentón mischen, bevor sie in den Ofen kommen. Und für eine orientalische Note würzen Sie sie mit ½ TL Paprikapulver und ½ TL Kreuzkümmel.

ROOT BEER

Die Aromatisierung von Soda & Co. mit Wurzeln, Blättern, Rinde und Gewürzen hat eine lange Tradition. In Schweden gibt es Malzbier, Wacholderbier, Met, Gotlandbier – alles nahezu alkoholfreie Getränke, die aus Malz, Wacholder und/oder Hopfen gebraut werden.

Das amerikanische Pendant dazu ist Root Beer, das aus Rinde, Wurzeln und Blättern zubereitet wird und seine typische braune Farbe dem unraffinierten Zucker verdankt. Der Geschmack ist ziemlich speziell und variiert je nach Rezept und Zutaten. Grundsätzlich besteht Root Beer aus den Wurzeln von Stechwinde und Sassafrasbaum, das verleiht ihm diesen einzigartigen Geschmack.

Ist man an gekauftes Root Beer gewöhnt, erlebt man angesichts des Geschmacks meiner Variante vielleicht eine Überraschung, denn die beiden ähneln sich nicht sehr.

Etwa 3 l
1½ l plus 1½ l Wasser
35 g Rosinen
50 g fein gehackter Ingwer
3 EL Sarsaparillawurzel
3 EL Sassafras
2 EL Hopfen
½ EL Löwenzahnwurzel
1 EL zerstoßene Wacholderbeeren
4 cm Zimtstange
320 g dunkler Muscovadozucker
1 TL Zitronensäure
150 ml Sodakultur

1½ l Wasser mit Rosinen, Ingwer und allen Gewürzen aufkochen und etwa 5 Minuten köcheln.

Zucker und Zitronensäure unterrühren. Die Flüssigkeit in ein großes Glasgefäß (4 l Volumen) gießen und weitere 1½ l Wasser hinzufügen. Mit einem Seihtuch abdecken und mit einem Gummiband fixieren, abkühlen lassen.

Durch ein Sieb die Sodakultur zugießen und gründlich verrühren. Wieder sorgfältig mit einem Seihtuch abdecken. Bei Zimmertemperatur 4–7 Tage stehen lassen, 2–3 Mal täglich umrühren.

Nach 4 Tagen abschmecken und die Süße überprüfen. Je länger es steht, desto trockener wird es, da der Zucker von der Kultur „aufgegessen" wird. Warten Sie nicht zu lange, das Soda sollte immer noch frisch riechen.

Die Flüssigkeit absieben und in saubere PET- oder Glasflaschen (330 ml) umfüllen. Dabei etwa 5 cm Luft im Flaschenhals lassen.

Das Soda bei Zimmertemperatur weitere 1–2 Tage stehen lassen, damit sich Kohlensäure bildet. Dann im Kühlschrank aufbewahren, damit der Gärprozess unterbrochen wird.

WEIHNACHTSMOST

Meine Variante des schwedischen Klassikers ist ein Wacholdermost mit Weihnachtsaromen. Normalerweise stelle ich ihn etwa eine Woche vor Weihnachten her, dann ist er an Heiligabend genau richtig.

Etwa 4 l
70 g zerstoßene Wacholderbeeren
70 g Rosinen
3 Backpflaumen
3 getrocknete Feigen
12 cm Zimtstangen
100 g fein gehackter Bio-Ingwer
3 Muskatblüten
10 grüne Kardamomkapseln
3 Gewürznelken
1 Sternanis
2 EL getrocknete Pomeranzenschalen
2 TL Zitronensäure
½ Vanilleschote
1 l plus 2½ l Wasser
400 g dunkler Muscovadozucker
200 ml Sodakultur

In einem großen Topf Wacholder, Trockenfrüchte, alle Gewürze, Pomeranzenschale und Zitronensäure mischen. Dann das Vanillemark und auch die ausgekratzte Schote hinzufügen. 1 l Wasser angießen, aufkochen und etwa 20 Minuten köcheln. Den Zucker einrühren und in der Flüssigkeit auflösen. Den Topf vom Herd nehmen und 2½ l kaltes Wasser zugießen. Mit Frischhaltefolie abdecken und etwa 12 Stunden ziehen lassen.

Durch ein Sieb gießen, alle Feststoffe entsorgen. Die Sodakultur einrühren und den Topf mit einem Seihtuch abdecken. Bei Zimmertemperatur 3–5 Tage stehen lassen, 2–3 Mal täglich umrühren.

Nach 3 Tagen abschmecken und die Süße überprüfen. Je länger es steht, desto trockener wird es, da der Zucker von der Kultur „aufgegessen" wird. Warten Sie nicht zu lange, das Soda sollte immer noch frisch riechen.

Die Flüssigkeit absieben und in saubere PET- oder Glasflaschen (330 ml) umfüllen. Dabei etwa 5 cm Luft im Flaschenhals lassen.

Das Soda bei Zimmertemperatur weitere 1–2 Tage stehen lassen, damit sich Kohlensäure bildet. Dann im Kühlschrank aufbewahren, damit der Gärprozess unterbrochen wird. Weihnachtsmost lässt sich bis zu 4 Wochen aufbewahren.

> Tipp: Man kann den Weihnachtsmost auch mit Trockenhefe vergären, davon fügt man statt der Sodakultur eine Prise hinzu und lässt die Flüssigkeit 1–2 Tage in PET-Flaschen gären, wie z. B. bei der Fizzy Orangensoda (Seite 82) und der Grapefruitsoda (Seite 78).

KAPITEL 4

FLOATS,
Egg Cream, Eiskaffee
& BUBBLE TEA

Nicht immer steht einem der Sinn nach diesem trockenen, säuerlichen, bitteren und irgendwie erwachsenen Geschmack eines Sodas oder einer Limonade. Manchmal braucht man einfach ein süßeres Erfrischungsgetränk, das wie ein erfrischendes Dessert schmeckt.

Mit Sirup oder selbst zubereitetem Soda als Grundlage kann man ganz einfach Soda Float, Egg Cream oder Shaved Ice herstellen. Für eine Art Milchshake mischt man ein Ice Cream Soda an oder das mexikanische Getränk Horchata aus Reismilch, gesüßt mit gezuckerter Kondensmilch, oder einen Bubble Tea mit dem Geschmack von Tee, Früchten oder grünem Teepulver mit Tapiokaperlen im Glas.

FLOATS

Ein Soda Float ist ein Glas Soda, meist Cola, auf dem eine stattliche Kugel Milcheis schwimmt. Wenn das Eis auf das kohlensäurehaltige Soda trifft, bildet sich ein luftig-leichter Schaum, fast wie bei einem Milchshake. Um das simple Getränk etwas extravaganter zu machen, sollte man – zumindest laut den Sodaexperten, mit denen ich bei meinen Besuchen in amerikanischen Soda-Fountains gesprochen habe – die Eiskugel halb auf dem Rand des Glases platzieren, damit die Kugel nicht im Glas nach unten sinkt. So bleibt sie an der Oberfläche und bildet dort den ultimativen Soda-Float-Schaum.

Ein Float aus selbst gemachtem Eis und selbst gemachter Cola ist freilich die Deluxe-Variante. Probieren Sie einmal Float aus Salzkaramelleis oder karamellisiertem Himbeer- und Joghurteis. Sanddorn-Trocadero (Seite 47) mit Salzkaramelleis schmeckt wie buttriges Kuchendessert im Glas; und das Rhabarber-Limetten-Soda mit Zitronengras (Seite 25) und einer Kugel Himbeereis erinnert an eine Schale frischer Sommerbeeren mit erfrischenden Blubberbläschen.

ICE CREAM SODA

Eine Art Milchshake, aber mit Bläschen. Hier werden nicht Milch und Eis, sondern Soda und Eis kombiniert.

Meine Lieblinge

Himbeersorbet
(Seite 108) mit Cream
Soda (Seite 24)

Cola (Seite 40)
mit Vanilleeis (Seite 108)

Salzkaramelleis (rechts)
mit Sodawasser (Seite 92)

SALZKARAMELLEIS

Cremiges Eis mit dem Geschmack von Salzkaramell – Sie haben noch nie etwas Besseres probiert!

6–8 Portionen
140 g Rohrohrzucker
200 g Schlagsahne
300 ml Vollmilch
3 EL Glukosesirup
2 Prisen Salz
5 Eigelb (Größe M)

Für das Eis eine Form oder Dose mit Deckel im Eisfach vorkühlen.

Bei schwacher Hitze den Zucker schmelzen, bis er eine braune Farbe angenommen hat und nach Karamell duftet. (Aufpassen, dass er nicht anbrennt!) Nicht umrühren!

Sahne, Milch, Glukosesirup und Salz hinzufügen. Aufkochen und rühren, bis der Zucker schmilzt.

Das Eigelb mit etwa 200 ml der noch warmen Masse verquirlen, dann die restliche Masse unterrühren.

In einem Topf die Masse auf 82 °C (Zuckerthermometer) erhitzen. Vollständig abkühlen lassen und 2 Stunden in den Kühlschrank stellen.

In einer Eismaschine die Masse zu einer cremigen Konsistenz verarbeiten. Lassen Sie das Eis nicht zu lange in der Maschine, nehmen Sie das Eis heraus, wenn es noch weich ist.

Das Eis in die vorgekühlte Form füllen und das Ganze vor dem Servieren mindestens 1 Stunde einfrieren.

> **SELBST GEMACHTES EIS**
> Decken Sie frisches Eis immer mit einem Deckel oder Frischhaltefolie ab, wenn Sie es in den Gefrierschrank stellen. So vermeiden Sie, dass sich Eiskristalle bilden.

VANILLEEIS

Das Beste selbst gemachte Vanille-eis: cremig, sahnig, gelb und mit schön vielen schwarzen Pünktchen von der echten Vanille!

6–8 Portionen
250 g Schlagsahne
250 ml Vollmilch
Mark von 1 Vanilleschote
1 Blatt Gelatine
6 Eigelb
140 g Raffinadezucker

Für das Eis eine Form oder Dose mit Deckel im Eisfach vorküh-len. In einem Topf Sahne, Milch, Vanillemark und die ausgekratzte Schote erhitzen. Die Gelatine in kaltem Wasser einweichen. Eigelb und Zucker in einer Rührschüs-sel schaumig schlagen. Die heiße Vanillemilch in die Ei-Zucker-Mi-schung einrühren, dann das Ganze zurück in den Topf gießen.

Bei mittlerer Temperatur unter Rühren köcheln, bis die Masse ein-dickt. Am besten machen Sie eine sogenannte Rosenprobe. Dafür die Rückseite eines Löffels in die Mas-se tauchen und darauf pusten. Bil-det die Masse ein rosenähnliches Muster, ist sie fertig.

Vom Herd nehmen, die Gelati-ne ausdrücken und in die Creme rühren. Abkühlen lassen. Die Vanilleschote entfernen.

In der Eismaschine 40 Minuten zu einer cremigen Konsistenz rühren. Dann das Eis in die kalte Form füllen und vor dem Servie-ren noch mindestens 1 Stunde in den Gefrierschrank stellen.

Ist das Eis beim Herausnehmen aus dem Gefrierschrank zu hart, sollte man es vor dem Servieren 15 Minuten bei Zimmertempera-tur stehen lassen.

HIMBEERSORBET

Ein sommerliches Sorbet mit ei-nem Klecks Joghurt, das dem Eis eine schöne Säure verleiht. Statt der Himbeeren kann man auch an-dere Beeren nehmen, z. B. Heidel-beeren, Erdbeeren oder Johannis-beeren, passend zum jeweiligen Soda Float.

6–8 Portionen
140 g Raffinadezucker
3 EL Glukosesirup
500 g Himbeeren
1 Blatt Gelatine
200 g Joghurt (10 % Fett)

In einem Topf Zucker und Glu-kosesirup goldbraun schmelzen, dann die Himbeeren hinzufügen und zu einer glatten Himbeer-masse einkochen.

Die Gelatine in kaltem Wasser einweichen.

Die Himbeersauce mit einem Stabmixer pürieren und durch ein feines Sieb passieren, um die Kerne zu entfernen. Die Gelatine ausdrücken und in die noch heiße Himbeermasse einrühren. Den Joghurt zufügen und das Ganze in der Eismaschine zu einer cremi-gen Konsistenz verarbeiten.

Vor dem Servieren noch min-destens 1 Stunde in den Gefrier-schrank stellen.

SILVER FIZZ

Eines meiner Lieblingsgetränke ist ein Ramos Gin Fizz. Säuerlich, cremig, mit Kohlensäure und einer sahnigen Schaumhaube. Dies hier ist eine alkoholfreie Variante, aber wenn Sie in Stimmung sind, kön-nen Sie 4 cl Gin hinzufügen.

Läuterzucker ist eine Mischung aus Zucker und Wasser zu glei-chen Teilen. Im Topf verrühren und aufkochen, dann weiterrüh-ren, bis der Zucker sich aufgelöst hat. Bereiten Sie doch gleich eine größere Menge auf Vorrat zu, etwa aus 300 g Zucker und 300 ml Wasser.

1 Glas
1 Eiweiß
½ TL Orangenblütenwasser
2 EL Läuterzucker
2 EL frisch gepresster Zitronensaft
1 EL frisch gepresster Limettensaft
2 EL Schlagsahne
100 ml Sodawasser
Eiswürfel

Eiweiß, Orangenblütenwasser, Läuterzucker, Zitronen- und Limettensaft sowie Sahne in einen Shaker geben. Mit Eis auffüllen und schütteln, bis der Shaker rundherum kalt ist und beschlägt. Den Inhalt in ein großes Glas füllen. Mit Sodawasser aufgießen, sodass es an der Oberfläche schön schäumt. Sofort servieren!

SALZIGER BLACK 'N' WHITE COOKIE

Zu einem klassischen Drink gehört ein klassischer Snack. Zu einem New Yorker Egg Cream isst man natürlich einen Black 'n' White Cookie. Das Original erinnert ein wenig an Sandkuchen, etwa so wie eine Madeleine, wenn auch etwas trockener, der mit weißer und brauner Glasur verziert ist. Dies hier ist ein Black 'n' White Cookie 2.0 mit Erdnüssen im Teig und Schokoladentrüffel und weißer Glasur als Verzierung. Noch leckerer und noch besser!

Etwa 30 Stück
75 g gesalzene Erdnüsse
260 g Weizenmehl
1 TL Vanillezucker
½ TL Backpulver
2 Eier
180 g Raffinadezucker
50 ml Vollmilch
125 g zerlassene Butter

Schokoglasur
100 g dunkle Schokolade
50 g Schlagsahne
25 g weiche Butter

Weiße Glasur
150 g Puderzucker
1 EL Glukosesirup
1½ EL Wasser

Den Ofen auf 175° vorheizen. In einer Küchenmaschine die Erdnüsse fein zerkrümeln. In einer Schüssel Mehl, Vanillezucker, Backpulver und Salz vermengen.

Mit einem Handmixer Eier und Zucker in einer zweiten Schüssel schaumig rühren. Milch, zerlassene Butter und zerkleinerte Erdnüsse hinzufügen und das Ganze zu einem glatten Teig verarbeiten.

Dann die Mehlmischung über die Masse sieben und mit einem Teigschaber zügig unterheben. 15 Minuten ruhen lassen.

Den Teig in kleinen Klecksen auf einem mit Backpapier ausgelegten Backblech verteilen, ungefähr 1 EL pro Keks. Lassen Sie zwischen den Keksen etwa 3 cm Platz. Sie werden etwa 5 cm groß.

Im Ofen auf der mittleren Schiene 12–15 Minuten backen. Abkühlen lassen.

Schokoglasur: Die Schokolade zerkleinern und in eine hitzebeständige Glas- oder Porzellanschüssel geben. Die Sahne aufkochen und über die Schokolade gießen. Umrühren und etwa 1 Minute stehen lassen. Die Butter unterheben und alles glatt rühren. Sollte die Schokolade noch nicht geschmolzen sein, für einige Sekunden in der Mikrowelle erhitzen.

Weiße Glasur: Alle Zutaten in einer Schüssel verrühren.

Mit einer Palette oder einem Buttermesser die Glasur auf die Unterseite der Kekse streichen: halb weiß, halb schwarz. Im Kühlschrank fest werden lassen.

EGG CREAM

Egg Cream ist ein New Yorker Klassiker, der in den 1920er-Jahren populär war.

Egg Cream enthält witzigerweise weder Eier noch Sahne, sondern nur drei – andere – Zutaten: Schokoladen- oder Vanillesirup, Milch und Sodawasser. Ich verwende immer Milch mit natürlichem Fettgehalt.

In Kombination mit dem Schokoladensirup entsteht eine Art Schoko-Milchshake, nur eben mit Kohlensäure.

Die Zubereitung eines perfekten Egg Cream ist eine Kunst. Dafür muss man nämlich die verschiedenen Zutaten in einer bestimmten Reihenfolge in das Glas gießen. Erst den Sirup, dann die Milch und zuletzt das Wasser. Dann stellt man einen langen Löffel in das Glas und rührt, bis sich auf dem Getränk eine weiße Schaumkrone bildet. Tut es das nicht, ist Ihr Egg Cream leider missglückt!

Glaubt man den Profis, darf man nur Fox's U-bet Chocolate Syrup verwenden, aber den bekommt man außerhalb der USA nicht so leicht, daher verwenden wir in diesem Rezept selbst gemachten Sirup. Der Schokoladensirup darf kein Fett enthalten – also weder Butter noch Sahne, denn wir wollen ja keine reichhaltige Schokoladensauce haben.

Es gibt verschiedene Egg Creams, meist Schoko oder Vanille. Dieses Rezept beschreibt die Schokoladenvariante, die ich am liebsten mag. Für einen Vanilla Egg Cream ersetzt man den Schokoladen Sirup durch Cream Soda (Seite 24). Vanilla Egg Cream schmeckt etwas milchiger und cremiger.

1 Glas
1½ EL Schokoladensirup
150 ml Milch mit natürlichem Fettgehalt
300 ml Sodawasser

SCHOKOLADENSIRUP

60 g Kakaopulver
90 g Raffinadezucker
100 ml Wasser
1 Prise Salz

Für den Sirup alle Zutaten verrühren und etwa 5 Minuten einkochen. Abkühlen lassen.

EISKAFFEE „COLD BREW"

Laut Experten muss Eiskaffee mit kalt aufgegossenem Kaffee zubereitet werden. Der eigentliche Kaffee wird also nicht gekocht, aufgebrüht oder in einem Espressokocher zubereitet, sondern eingeweicht und dann langsam durch einen Filter gegossen. Wird Kaffee kalt zubereitet, enthält er keine Bitterstoffe oder Tannine, die sich in einem Eiskaffee nicht besonders gut machen würden. Stattdessen kommen die blumigen Zitrusnoten durch, die ein Kaffee haben kann, und das verleiht dem Getränk das gewisse Etwas. Bis zum Endprodukt dauert es etwa 12 Stunden. Man erhält ein starkes Konzentrat, das dann mit der gewünschten Menge Wasser und Eis gemischt wird. Das Konzentrat hält sich lange, im Kühlschrank bis zu 2 Wochen, ohne an Aroma oder Geruch zu verlieren. Ein Eiskaffee mit Milch und Zucker oder schwarz? Das entscheiden Sie!

80 g Kaffeebohnen
450 ml Wasser

Den Kaffee in einer Kaffeemühle mahlen, entweder zu Hause oder noch im Geschäft. Er sollte so frisch gemahlen sein wie möglich.

In einer Schüssel Kaffee und Wasser vermischen, umrühren. Dann abdecken und bei Zimmertemperatur 12–24 Stunden stehen lassen.

Durch ein Sieb, Seihtuch oder einen großen Kaffeefilter gießen und langsam durchtröpfeln lassen. Dann in ein Gefäß mit Deckel oder eine Flasche füllen und gut verschlossen im Kühlschrank aufbewahren.

Konzentrat und Wasser zu gleichen Teilen oder nach Geschmack in einem mit Eis gefüllten Glas mischen.

WASSERMELONEN-LIMETTEN-SLUSH

<u>4 Gläser</u>
800 g Wassermelonenfluchtfleisch
50 ml frisch gepresster Limettensaft
2 EL flüssiger Honig

Das Fruchtfleisch in Würfel schneiden. Für mindestens 3 Stunden ins Eisfach legen.

In einem Standmixer Melone und Limettensaft zu einem halbgefrorenen Slush-Getränk pürieren. Mit Honig abschmecken und sofort servieren.

AGUA DE HORCHATA

Ein mexikanisches Reis- und Mandelmilchgetränk, das normalerweise mit Zimt abgeschmeckt wird, es gibt aber auch fruchtige Varianten mit Erdbeeren und Kirschen. Das Original ist ziemlich süß und klebrig, meine Variante ist etwas erfrischender und wird nur mit gezuckerter Kondensmilch gesüßt.

130 g geschälte Süßmandeln
90 g weißer ungekochter Reis,
    z. B. Basmati
1 Zimtstange
1 l Wasser
150 ml gezuckerte Kondensmilch
2 EL frisch gepresster
    Limettensaft

In einer Bratpfanne die Mandeln trocken rösten; sie sollten nicht zu viel Farbe bekommen, sondern nur goldgelb werden. In einer starken Küchenmaschine den Reis zu Pulver mahlen. Reis, geröstete Mandeln und die Zimtstange in eine große Schüssel geben.

Die Hälfte des Wassers aufkochen und über die Reis-Mandel-Mischung gießen. Abkühlen lassen, dann mit Frischhaltefolie abdecken und für 12 Stunden in den Kühlschrank stellen.

Das restliche Wasser zur Reis-Mandel-Mischung gießen. In einem Standmixer zu einer möglichst glatten Masse pürieren. Diese in eine große Kanne oder Schüssel abseihen.

Die Kondensmilch einrühren, dann kühl stellen. Mit Eis und ggf. etwas Limettensaft servieren.

CHURROS

Churros kommen aus Spanien und Südamerika. Dort gibt es sie überall: in kleinen Cafés in Madrid, auf der Straße in Mexico City oder zu Hause bei einer Churro-backenden Abuela (Großmutter). Sie werden frisch frittiert und noch warm in Schokoladensauce getaucht. In Kombination mit Horchata die ultimative Nascherei.

Etwa 20 Stück
250 ml Wasser
125 g Butter
1 EL plus 180 g Raffinadezucker
½ TL Salz
140 g Weizenmehl
2 Eier (Größe M)
1 l geschmacksneutrales Öl,
    z. B. Rapsöl
2 TL gemahlener Zimt

In einem Topf Wasser, Butter und 1 EL Zucker erhitzen. Das Salz zugeben und dann das Mehl nach und nach mithilfe eines Holzlöffels einrühren. Weiter erhitzen, bis der Teig sich zu einer Kugel formt und sich vom Topfrand löst. Vom Herd nehmen und 10 Minuten ruhen lassen. In eine Rührschüssel umfüllen und zuerst ein Ei, dann das zweite einarbeiten.

Die Masse in einen Spritzbeutel mit kleiner Sterntülle füllen. Die Churros gehen im Öl auf. Wenn die Teigstränge zu dick sind, werden die gebackenen Churros nicht knusprig.

Das Öl auf 180 °C vorheizen. Den Teig in etwa 5 cm langen Streifen direkt in das Öl spritzen, immer nur fünf auf einmal, sonst kühlt das Öl zu stark ab.

Die Churros etwa 4 Minuten goldgelb und knusprig frittieren, nach der Hälfte der Zeit wenden.

Mit einem Schöpflöffel herausheben und auf Küchenpapier abtropfen lassen.

180 g Raffinadezucker mit dem Zimt in einem tiefen Teller mischen. Die noch warmen Churros im Zucker wälzen, damit der Zucker rundherum haften bleibt. Frisch frittiert servieren.

SCHOKOLADENSAUCE
In einem Topf 50 g Butter, 40 g Kakaopulver, 100 g Schlagsahne, 100 ml hellen Sirup und 1 Prise Salz aufkochen. Bei mittlerer Hitze etwa 10 Minuten köcheln. Lauwarm oder kalt zu den Churros servieren.

Tipp! Damit die Horchata sahnig nach Karamell schmeckt, kann man die geschlossene Konservendose Kondensmilch etwa 4 Stunden in einem Topf mit Deckel in kochendem Wasser karamellisieren. Die Dose vor dem Öffnen vollständig abkühlen lassen. Aus der Kondensmilch ist eine Karamellsauce ähnlich der Dulce de Leche geworden, die in Lateinamerika häufig verwendet wird.

BUBBLE TEA

Meine persönliche Variante von Bubble Tea ist nicht ganz so süß, wie sie eigentlich nach allen Regeln der Kunst sein sollte. Für mich muss ein Getränk erfrischen und nicht noch durstiger machen.

Die gekochten, leicht „zähen" schwarzen Tapiokaperlen schmecken am besten frisch, man kann sie aber auch mehrere Tage lang in Läuterzucker im Kühlschrank aufbewahren. Die Perlen bekommt man in Asialäden oder im Internet. Kaufen Sie die schwarzen großen Perlen, die kleinen Tapiokaperlen (Perlsago) machen das Getränk dickflüssig.

Bubble Tea kommt aus Taiwan und wurde Anfang der 1980er-Jahre in Teebars zubereitet. Dann breitete sich das Getränk über ganz Asien und schließlich den Rest der Welt aus, heute findet man es sogar in Flaschen abgefüllt. Am besten aber schmeckt es frisch – die Perlen haben wenige Stunden nach dem Kochen genau die richtige Konsistenz.

GRUNDREZEPT FÜR BUBBLE TEA

500 ml Wasser
50 g schwarze Tapiokaperlen
150 g Raffinadezucker
150 ml Wasser

1 Glas
2 EL Tapiokaperlen
  (gekocht nach Grundrezept)
150 ml starker schwarzer Tee
100 ml Vollmilch oder
  Mandelmilch
1–2 EL gezuckerte Kondensmilch

In einem Topf 500 ml Wasser aufkochen. Die Tapiokaperlen darin 20 Minuten kochen. Dann den Herd ausschalten und die Perlen zugedeckt weitere 20 Minuten quellen lassen.

Für den Läuterzucker Wasser und Zucker in einem Topf erhitzen und rühren, bis der Zucker sich aufgelöst hat. Abkühlen lassen.

Die Tapiokaperlen in einem Sieb abgießen und mit kaltem Wasser abspülen, abtropfen lassen. Die Perlen in den Läuterzucker einlegen. So können die Perlen eine Weile im Kühlschrank aufbewahrt werden.

Für das eigentliche Getränk 2 EL Tapiokaperlen aus dem Läuterzucker mit Tee, Milch und Kondensmilch in einem großen Glas mischen. Mit Eis auffüllen.

BUBBLE TEA MIT MATCHA

Matcha ist hochwertiges grünes Teepulver, das in Japan bei der traditionellen Teezeremonie verwendet wird. Die Preise variieren stark. Für ein gesüßtes Mixgetränk muss es vielleicht nicht die allerhöchste Qualität sein.

1 Glas
150 ml starker grüner Tee
½ TL Matcha
2 EL Tapiokaperlen
  (gekocht nach Grundrezept)
100 ml Vollmilch
1–2 EL Kondensmilch

Den noch heißen Tee mit dem Matcha vermischen und abkühlen lassen. Am besten in den Kühlschrank stellen, damit das Getränk richtig kalt wird.

Die Tapiokaperlen mit Tee, Milch und Kondensmilch in einem großen Glas mischen. Mit Eis auffüllen.

BUBBLE TEA MIT SESAM

1 Glas
150 ml starker schwarzer Tee
2 EL schwarzer Sesam
1–2 EL gezuckerte Kondensmilch
2 EL Tapiokaperlen
  (gekocht nach Grundrezept)
100 ml Reismilch

Tee, Sesam und Kondensmilch im Standmixer pürieren, dann durch ein feines Sieb in ein großes Glas gießen.

Tapiokaperlen und Reismilch zugeben, umrühren und mit Eis auffüllen.

FRUCHTIGER BUBBLE TEA

1 Glas
150 ml starker grüner Tee
1–2 EL flüssiger Honig
50 ml Obst- oder Beerenpüree
  (z. B. aus Himbeeren, Granatapfel, Erdbeeren, Pfirsichen, Passionsfrucht, Heidelbeeren)
100 ml Vollmilch oder Reismilch
2 EL Tapiokaperlen
  (gekocht nach Grundrezept)

Tee, Honig, Fruchtpüree und Milch im Standmixer fein pürieren.

Die Tapiokaperlen in ein Glas geben, das Getränk darübergießen und mit Eis auffüllen.

REZEPTVERZEICHNIS

GETRÄNKE

BEZUGSquellen

Allgemein
bosfood.com
bremer-gewuerzhandel.de
dragonspice.de
herbathek.com

Ancho-Chilipulver
edora.net

Bittermandelessenz
baeckerei-spiegelhauer.de

Champagnerhefe
weinbau24.de

Chinarinde, gemahlen
naturix24.de
joannasgarden.com

Chipotle-Chilipulver
chili-shop24.de

Flor de Jamaica
mex-al.de

Hefe, flüssig
hobbybrauerversand.de

Hibiskusblüten, getrocknet
herbathek.de
krautrausch.de

Kombuchapilz
kombucha-shop.de

Lavendel- und Rosenblüten, getrocknet
www.herbalind.com
oder im Bioladen

Matcha
teeshop-ronnefeldt.com

P.A.N. und Maseca
latinado.de

Panko
gourmondo.de

Pomeranzenschale, getrocknet
karls-feine-kost.de

Rauchpaprika
sultan-gewuerze.ch

Sarsaparillawurzel (Radix Sarsaparillae)
meine-teemischung.de

Sriracha
amazon.de
pepperworldhotshop.de

Tamarinden, frisch und getrocknet
gourmondo.de
oder im indischen bzw. asiatischen
    Lebensmittelgeschäft

Tapiokaperlen, schwarz
bubbletea-house.de

Treacle
british-american-food.de

Weinsäure
mercateo.com

Danke an alle, DIE MIR BEI DIESEM BUCH GEHOLFEN HABEN!

Das unschlagbar beste Verlagsteam: Verlegerin Maria Nilsson, Redakteurin Elisabeth Fock und Leiterin der Abteilung PR Josefin Ekman bei Natur & Kultur für enthusiastisches Probekochen, eine tolle Zusammenarbeit und dafür, dass ihr immer Kochbücher herausgebt, die man auch lesen will!

Katy Kimbell für die schöne Gestaltung und Illustration!

Wolfgang Kleinschmidt für immer wieder fantastische Fotos und dafür, dass die Zusammenarbeit mit dir so viel Spaß macht!

Karin Lundin dafür, dass du den Bildern den letzten Schliff verleihst!

Meinem Robin, der es ausgehalten hat, das ganze Jahr 2013 über geglückte und weniger geglückte Getränke probieren zu müssen.

Meiner Familie und meinen Freunden für ihre Unterstützung, Inspiration, Anfeuerungsrufe und das Probieren von Drinks und Frittiertem!